Schuhe für meine Kinder

Kurzbiografien von Frauen
aus Kamerun

Heidi Zingg Knöpfli

W0209672

Basileia Verlag

Herzlichen Dank für die finanzielle Unterstützung:

Anzeigerverband Bucheggberg-Wasseramt
Basler Mission Evangelische Missionsgesellschaft in Basel
Brot für alle
Evangelisch-reformierte Kirche des Kantons St. Gallen
Evangelisch-reformierte Kirche Kanton Solothurn
Evangelisch-reformierte Landeskirche des Kantons Zürich
Kantonaler Lotteriefonds Solothurn, www.sokultur.ch
mission 21 evangelisches missionswerk basel
RAIFFEISEN
Reformierte Bezirkssynode Solothurn
Reformierte Kirche Baselland
Reformierte Kirchen Bern-Jura-Solothurn
Römisch-Katholische Zentralkonferenz der Schweiz
Stiftung Grasland Kamerun

© Herausgeberin: Stiftung Grasland Kamerun, 2009
© Autorin: Heidi Zingg Knöpfli

Basileia Verlag, Basel
Lektorat: Annemarie Friedli
Berater: Dr. theol. h.c. Hans Knöpfli
© Fotos: Hans Knöpfli/Heidi Zingg Knöpfli
Design, Layout und Vignetten:
Madeleine Hürlimann, Gockhausen
Druck: Merkur Druck AG, Langenthal

ISBN 978-3-85555-001-2
Umschlag: Regina Paulina Mongofo mit ihrer Tochter Charlotte

www.kamerun.ch

Heidi Zingg Knöpfli

Schuhe für meine Kinder

Kurzbiografien von Frauen aus Kamerun

Basileia Verlag

Die Angaben zur Währung Kameruns beziehen sich auf die Zeit vor der Abwertung 1994 um hundert Prozent.

Ausdrücke auf Pidginenglisch und Namen aus einheimischen Sprachen erscheinen kursiv.

Inhalt

Che *Agnes verkauft* jamajama *auf dem Wochenmarkt*.

Vorwort

Über Frauen aus den Ländern des Südens wird immer noch zu wenig gesprochen und geschrieben, obwohl sie ganz besonders Opfer eines ungebremsten und menschenverachtenden Kapitalismus sind. Es sind dennoch die Frauen, die unter den widrigsten Umständen für das Überleben ihrer Familien sorgen. Die oft einseitig patriarchal geprägte Kultur ihrer Umgebung fordert von ihnen einen weiteren Tribut, den sie bezahlen müssen.

Im vorliegenden Buch erhalten diese Frauen ihre eigene Stimme und ihr eigenes Gesicht. Frauen, die sich namenlos in zahlreichen Statistiken verstecken, erzählen ihre Geschichte. Die Würde, mit der sie dies tun, hinterlässt bei den Lesenden einen tiefen Respekt. Aus Objekten gut gemeinter Hilfe und wohlwollendem Mitleid werden Subjekte, die ihr Leben gestalten, uns darüber berichten und zum Gespräch einladen.

Die Autorin, Heidi Zingg Knöpfli, lebte von 1986 bis 1993 mit ihrem Mann, Hans Knöpfli, im Grasland von Kamerun. In dieser Zeit ist es ihr auf einzigartige Weise gelungen, zu den dort lebenden Frauen ein Vertrauensverhältnis aufzubauen, durch das sich ihre Fremdheit in eine zunehmend schwesterliche Beziehung wandelte, ohne dabei das Eigene aufzugeben. Seine Hoheit, Ganyonga III, König von Bali-Nyonga, ehrte sie 1993 mit dem Adelstitel *Na* Bisanga, was ‹alles ist nun in Ordnung› bedeutet. Damit kommt zum Ausdruck, dass Heidi Zingg Knöpfli in diesem Dorfgefüge geachtet und respektiert wird. Sie ist eine Vertrauensperson, was die Voraussetzung für die beeindruckende Offenheit der Frauen bildet.

Die Erzählungen stammen aus den frühen Neunzigerjahren, haben aber an ihrer Aktualität nichts eingebüsst. Prekäre ökonomische Umstände prägen nach wie vor das Leben vieler Frauen in dieser Region. Verstärkt hinzugekommen sind die Auswirkungen von HIV/Aids. Zudem sind diese Lebensschilderungen Ausdruck des Erinnerns daran, dass es immer wieder gilt, den Namenlosen der Geschichte einen Namen und damit Würde zu geben.

Als Leserin taucht man in eine zunächst völlig fremde Realität ein. Die Autorin verzichtet bewusst auf Interpretationen, Wertungen oder Vergleiche zwischen uns und den Frauen im Grasland. So lesen wir von Margret, die keine Identitätskarte, sondern einen Mann heiraten will, oder von Christiane, die sich den Lastwagen ihres Mannes auf ihren Namen ausstellen lässt, damit im Todesfall des Gatten keine Erbstreitereien entstehen. Die Frauen schildern ihren ganz normalen Alltag, den sie auf ihre je eigene Weise meistern. Sie lassen sich nicht passiv von Armut, Krankheit und kulturellen Gegebenheiten prägen, sondern gestalten aktiv ihr Leben. Und wenn man mit Schmunzeln von den ausgeklügelten Tricks für die Geburtenkontrolle liest, so merkt man, dass die Frauen wohl mehr bestimmen, als man es zunächst vermuten würde.

Im letzten Kapitel über die Sitten und Gebräuche in Bamessing ist der Autorin eine bisher in dieser Form noch kaum vorhandene Beschreibung gelungen. In einer lebhaften Diskussion äussern sich die Mitglieder einer Frauengruppe über die Bedeutung von Ritualen bei bestimmten Lebensübergängen. Hier kommt die Inkulturation des christlichen Glaubens zum Ausdruck. Nur wenn dieser Glaube in der Kultur verankert ist, hilft er, schwierige Barrieren für ein Leben in Würde zu überwinden.

Das ganze Buch nimmt die Leser und Leserinnen auf eine lange Reise mit, auf der man gleichsam mit den Frauen an ihrer Kochstelle sitzt, ihnen zunächst mit Erstaunen, ja sogar Unverständnis zuhört und dann langsam in dem vielen Fremdartigen Gemeinsamkeiten spürt, wie sie Frauen aus aller Welt verbinden.

Der Weltgebetstag ist trotz aller Verschiedenheiten ein Ausdruck dieser Verbundenheit. Es geht darum, informiert zu beten und betend zu handeln. Für 2010 gestalten Frauen aus Kamerun die Liturgie zur Weltgebetstagsfeier. Die Frauenleben aus dem Grasland von Kamerun bieten dazu eine eindrückliche Einführung für Einzelne wie auch für Gruppen.

Die im Buch abgebildeten schönen farbigen Fotos zeugen von aufrechten und starken Frauen. Deren Lebensgeschichten

Frauen sorgen für das Überleben ihrer Familien.

ermutigen dazu, sich von bisher fremden Menschen auf Augenhöhe ihre Geschichten erzählen zu lassen. So können wir informiert beten – und auch handeln.

Basel, Februar 2009

Magdalena Zimmermann, Pfarrerin
Leiterin Abteilung Bildung Austausch Forschung
mission 21

Wie diese Lebensberichte entstanden sind.

Der Ökumenische Rat der Kirchen forderte 1988 im Rahmen seines Programms der ökumenischen Dekade ‹Kirchen in Solidarität mit den Frauen› auf, Lebensgeschichten von Frauen niederzuschreiben. Dieser Gedanke liess mich nicht mehr los. Als ich das Gefühl hatte, die Frauen in Bamessing würden mich nun ein wenig kennen, begann ich mit der Arbeit. Es war oft schwierig, den richtigen Zeitpunkt für die Gespräche zu finden. Der tägliche Überlebenskampf lässt den Frauen kaum Zeit und Energie, um über ihr Leben, ihre Bräuche und Sitten nachzudenken. Im Gespräch mit der einzelnen Frau musste ich aufpassen, dass ich nicht gefällige oder geschönte Antworten zu hören bekam. Erst nach und nach spürte ich zu einzelnen Frauen eine Nähe, die es mir ermöglichte, auch ganz persönliche Fragen zu stellen. Das gegenseitige Vertrauen und die persönlichen Sympathien führten zu offenen Gesprächen. Die meisten meiner Gesprächspartnerinnen sind neben Ackerbäuerinnen auch Handwerkerinnen oder mit Handwerkern verheiratet. Gespräche mit Frauen, die mir sympathisch waren, fielen mir leichter als solche mit Frauen, zu denen ich weniger Zugang fand.

Manchmal waren die Frauen erstaunt und wunderten sich über mein Interesse an ihnen und ihrer Geschichte. Sie waren nicht gewohnt, interessant oder wichtig zu sein. Die einen gaben bereitwillig Auskunft, andere waren eher scheu und zurückhaltend. Keine Frau sagte je, diese Frage möchte sie nicht beantworten. Sie schwieg einfach, lachte verlegen oder gab eine vollständig andere Antwort. So merkte ich: bis hierher und nicht weiter. Mit Wärme und Dankbarkeit denke ich an ‹meine Schwestern› zurück.

Kriegstetten, Februar 2009 — Heidi Zingg Knöpfli

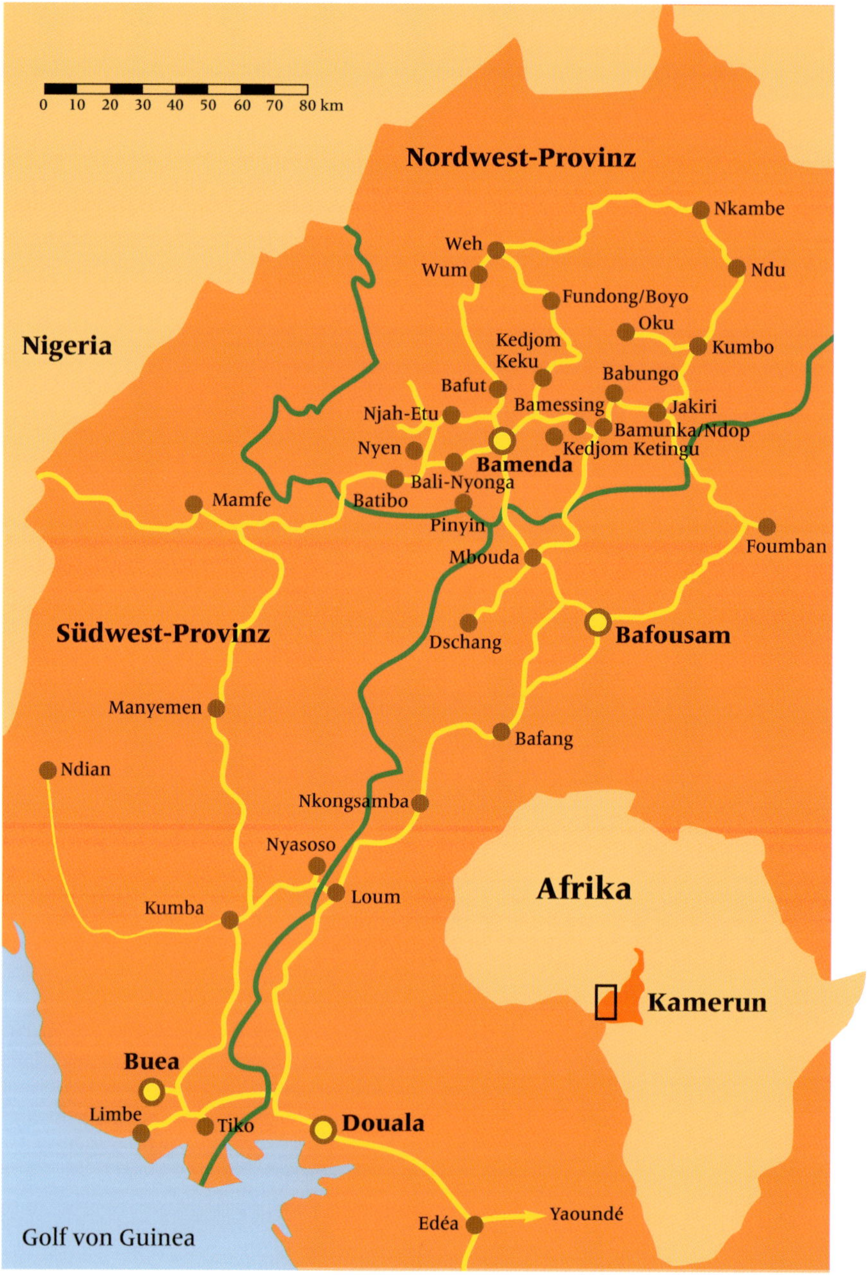

Karte der Nordwest- und Südwest-Provinz

Kamerun

Die Republik Kamerun liegt im Westen Zentralafrikas und ist mit seinen 475'442 km^2 gut elf Mal so gross wie die Schweiz und 1,35 Mal so gross wie Deutschland. Die Bevölkerungszahl (2008) beträgt gut 18 Millionen (Vergleich Schweiz 7,6 Millionen und Deutschland 82 Millionen). Kamerun ist politisch in zehn Provinzen eingeteilt, wovon acht frankofon und zwei anglofon (Südwest- und Nordwest-Provinz) sind. Yaoundé ist die Hauptstadt. Die in diesem Buch vorgestellten Frauen wohnen in der Nordwest-Provinz, auch bekannt unter dem Namen ‹Westliches Grasland›.

Das Grasland ausserhalb von Bali-Nyonga

Das westliche Grasland von Kamerun

Das westliche Grasland umfasst 16'837 Quadratkilometer. In diesem Gebiet befinden sich unter anderen die Dörfer Bamessing, Bali-Nyonga und die Provinzhauptstadt Bamenda. Das Grasland liegt auf einem Hochplateau mit welligen, geschwungenen Hügeln

Gehöft vor Graslandhügeln, Babungo

und Bergen, das hauptsächlich mit kurzem zähem Gras und auf den Ebenen mit hohem Elefantengras bedeckt ist. Von Steilhängen sprudeln schnell fliessende Bäche, gesäumt von Raphiapalmen und gelegentlich von Wäldchen. Das Kameruner Grasland gleicht in Vielem den geografischen Verhältnissen der Schweizer Voralpen. Es ist denn auch schon ‹Die Schweiz in Afrika› genannt worden.

Die Höhe reicht von 1200 Metern in Bamenda bis über 2000 Metern in den bergigen Gegenden von Oku, Ndu und Nkambe.

Die Regenzeit dauert von März bis Oktober mit Höhepunkt im Juli, August und September. In diesen Monaten fällt am meisten Niederschlag, der zwischen 150 bis 320 Zentimeter im Jahr variiert. Der trockene, staubige Harmattanwind, der vom Nordosten der Saharawüste her weht, kennzeichnet die Trockenzeit, in der es auch einfacher zu reisen ist, da die meisten Strassen in der Regenzeit unpassierbar sind.

Auf Grund der Volkszählung 2005 leben im westlichen Grasland um die zwei Millionen Menschen.

Die Region ist reich besiedelt von Bauernvölkern, die man zum Teil Bergbauern und -bäuerinnen nennen könnte. Sie leben in Dörfern und Streusiedlungen, eingebettet in eine üppige Vegetation von bebauten fruchtbaren Äckern, Palmen und Bananenhainen. Den Acker für den Eigenbedarf bestellen hauptsächlich die Frauen. Das dringend benötigte Bargeld erwerben sie sich aus dem Verkauf des Überschusses ihrer Feldfrüchte und von selber hergestellten Gebrauchsgegenständen wie Körbe und Tongefässe. Im besten Fall ermöglicht es ihnen auch, einen wesentlichen Beitrag an das Schulgeld ihrer Kinder zu leisten, denn in Kamerun ist der Schulbesuch nicht kostenlos. Alle bezahlen Schulgeld und die Eltern müssen das Schulmaterial, die Schuluniform und – zusammen mit der Eltern/Lehrer-Vereinigung – auch den Bau einfacher Schulhäuser finanzieren.

Mehr Informationen über das westliche Grasland und seine Kultur bietet das Buch von Hans Knöpfli, Grasland – eine afrikanische Kultur, Peter Hammer Verlag 2008 oder www.kamerun.ch.

Wochenmarkt in Jakiri

Kurzbiografien

Regina Paulina Mongofo beim Anrichten von fufu

1 Schuhe für meine Kinder

Weshalb eine Familienvorsteherin nicht heiraten darf und dennoch von ihr erwartet wird, dass sie Kinder kriegt.

Paulina Mongofo, so wurde sie genannt, als sie zur Welt kam. Mongofo heisst soviel wie «Wohin renne ich?». Ihr Vater habe ihr diesen Namen gegeben, weil er bereits damals entschieden habe, dass sie eines Tages seine Nachfolgerin sein werde, falls er keinen Sohn haben sollte, sagt Paulina.

Im Alter von etwa 14 Jahren liess Paulina sich taufen und nannte sich fortan Regina. *«I be like tis pass othe one»* (dieser Name hat mir besser gefallen), begründet sie ihre Namensänderung. Und der Name Fikwing? Regina lacht: «Mein Vater hiess so. Und da ich nach seinem Tod seine Nachfolgerin als Oberhaupt unserer Familie wurde, nannten und nennen mich viele hier im Dorf nun eben nach meines Vaters Namen.» Oder *Che* Wini. Wie alle Mütter wird Regina auch nach dem Namen ihres ersten Kindes *Che* Winifred oder kurz *Che* Wini genannt.

Reginas Kindheit

Reginas Vater hatte zwei Frauen. Seine erste Frau ist Reginas Mutter. Sie gebar sechs Töchter und einen Sohn. Dieser starb bereits als kleines Kind. Weil eines der Kinder die Verantwortung für die Familie übernehmen muss, wählte Reginas Vater aus ihr unbekannten Gründen sie für dieses Amt aus. Die zweite Frau ihres Vaters hatte keine Kinder.

Von Reginas fünf Schwestern leben nur noch drei. Sie sind alle verheiratet und wohnen im Gehöft ihrer Ehemänner. Regina selber darf nicht heiraten, weil sie dann auch ins Gehöft ihres Mannes ziehen und dort für seine Familie sorgen müsste. So würde niemand bei ihr zu Hause die Mutter im Alter betreuen und die Familie führen. Von Regina wird jedoch erwartet, dass sie Kinder zur Welt bringt, mindestens einen Sohn, damit dieser später Familienoberhaupt werden kann.

Sechs Kinder sind genug

Mit ihren heute gut 30 Jahren hat Regina bereits sechs Kinder geboren, vier Mädchen und zwei Knaben. Dem Vater ihrer ersten fünf Kinder hat sie sich entfremdet. Wörtlich sagt sie dazu: *«Fire i don die.»* (Das Feuer ist ausgegangen.) Emanuel, der Vater von

Beide Frauen (rechts Regina Paulina Mongofo) verdienen ihr Bargeld mit Korbflechten.

Reginas jüngstem Kind hingegen, ist oft bei ihr zu Gast. Er möchte gern, dass Regina ein weiteres Kind von ihm bekäme. Dazu meint Regina: «*Six pickin i go do* (Sechs Kinder sind genug.) Die Belastung für mich ist jetzt schon gross genug. Ich bekomme ja kaum Hilfe von den beiden Männern. Der Vater der ersten fünf Kinder ist verheiratet und hat in seiner Familie genug Verpflichtungen. Auch Emanuel wird eines Tages eine Frau heiraten und mit ihr Kinder haben. Dann kann ich sowieso nichts mehr von ihm erwarten.»

Das leidige Geld

Regina konnte als einzige ihrer Geschwister zur Schule gehen, allerdings nur bis zum Abschluss der dritten Klasse. Dann hatte ihr Vater kein Geld mehr. Sie bedauert es sehr, nicht gut lesen und schreiben zu können. Deshalb ist es für sie wichtig, ihre eigenen Kinder zur Schule schicken zu können, auch wenn das finanziell sehr belastend für sie ist. Glücklicherweise bezahlt ein Schwager das Schulgeld und sie muss nur für Schulbücher und Schuluniformen aufkommen.

Regina ist Selbstversorgerin. Ihr Bargeld verdient sie mit Korbflechten. Dieses Handwerk hat sie von ihrer zweitältesten Schwester gelernt, nachdem diese in eine Korbmacherfamilie eingeheiratet hatte. Zudem pflanzt und verkauft Regina in der Saison *jamajama.* An Sonntagen verkauft sie Bier und Mineralwasser, manchmal auch Palmwein.

Wenn ich Geld hätte...

Regina: «Wenn ich Geld hätte, würde ich das alte morsche Dach, das vor Kurzem vom Haus meines Vaters heruntergefallen ist, reparieren lassen. Zurzeit müssen meine Mutter und ich zusammen mit meinen sechs Kindern in zwei Räumen wohnen, essen und schlafen. Das ist wirklich eng. Wenn dann noch etwas Geld übrig bliebe, würde ich Schuhe für meine Kinder kaufen.»

Margret Befu mit Sohn Philemon

2

«Ich will keine Identitätskarte heiraten, sondern einen Mann.»

Ein Papier genügt Margret nicht. Sie bevorzugt Handfestes. Und – weshalb ihre Eltern nicht den vollen Brautpreis beanspruchen.

Margret Befu kam 1965 als zweitjüngstes von sieben Kindern zur Welt. Das Erstgeborene ihrer Eltern starb bereits im Säuglingsalter. Die heute lebenden Kinder, fünf Söhne und eine Tochter, sind alle erwachsen. Margrets Brüder konnten zur Schule gehen, sie durfte es nicht. Der Vater heiratete später noch eine zweite Frau. Diese hatte vier Kinder. 1983 starb Margrets Vater.

Margrets Kindheit und Heirat

Margret erzählt: «Mit acht Jahren kam ich zu einer Schwester meines Vaters. Bei ihr lebte ich, bis mich mein Vater sechs Jahre später ins elterliche Gehöft zurückrief. Jemand wolle mich sehen. Ein junger Mann namens Isaac trat an meine Eltern heran mit dem Wunsch, mich zu heiraten. Ich kannte Isaac ein wenig, weil er ebenfalls aus Bamessing ist, wenn auch aus einem anderen Quartier. Warum er gerade mich ausgewählt hatte, weiss ich nicht. Ich sprach mit ihm und erzählte ihm, dass ich bereits vor einiger Zeit im Dorf meiner Tante mit einem jungen Mann über eine mögliche Heirat gesprochen hätte. Er wohne zwar nicht mehr im Dorf, aber ich würde ihm Bescheid geben und fragen, ob er noch immer an einer Heirat interessiert sei. Falls daraus nichts werde, so sagte ich damals zu Isaac, würde ich seinen Antrag annehmen.»

Margret tat wie versprochen. Der junge Mann meldete sich bei ihr, indem er Margret seine Identitätskarte zukommen liess. Margret schickte die Karte zurück mit den Worten: *«Me I no go marry pape, I de like fo marry man.»* (Ich will kein Papier heiraten, sondern einen Mann.) Danach informierte sie Isaac, sie sei bereit, ihn zu heiraten. Mami Miriam, die Mutter von Isaac, besuchte anschliessend

Margrets Mutter, um sich zu erkundigen, ob auch sie mit der Heirat einverstanden sei. Margrets Mutter gab zur Antwort: «Da meine Schwiegermutter noch lebt, frag bitte zuerst sie. Ist sie einverstanden, bin ich es auch. So gehört es sich in unserer Tradition.» Mami Miriam ging daraufhin zu Margrets Grossmutter. Diese war mit der Heirat einverstanden. Damit war die Sache geregelt. Als Zeichen seines Einverständnisses mit den Heiratsplänen der Frauen brachte Isaacs Vater, Abraham, Palmwein ins Gehöft von Margrets Eltern. An einem von beiden Familien festgelegten Tag lieferte er erneut Palmwein beim elterlichen Gehöft von Margret ab, dazu Feuerholz. Mami Miriam steuerte Palmöl und Fisch bei. Margrets Familie ihrerseits bereitete an jenem Tag *fufu, jamajama* und *egusi sup* zu. Gemeinsam wurde nun gegessen und die Hochzeitsvereinbarung erneuert und bekräftigt.

Kaum hatte Isaac den grössten Teil des Brautpreises bezahlt, konnte Margret in ihr künftiges Gehöft übersiedeln. Margret erklärt dazu: «Meine Eltern haben nicht alles Geld vom vereinbarten Brautpreis genommen. Das würde nämlich heissen, sie hätten mich verkauft wie ein Stück Land. Auf diese Weise gehöre ich immer noch ein wenig zu meiner bisherigen Familie, auch wenn ich nun der Familie meines Mannes verpflichtet bin.»

Das traditionelle Hochzeitsfest

Am Tag des Umzuges von einem Gehöft ins andere fand wieder ein Fest statt. Dieses Mal war Margrets Familie zuständig für Palmöl und Fisch und Isaacs Familie hielt *fufu* und *jamajama* bereit. Die weiblichen Angehörigen von Margret brachten sie bei Dunkelheit zu ihrer neuen Familie. Warum dies bei Dunkelheit zu geschehen hat, weiss niemand. ‹*Na tradition*›, was soviel heisst wie ‹Das ist einfach so Brauch›. Früher wurden an diesem Abend die Braut und die anderen weiblichen Angehörigen der Familie von Kopf bis Fuss mit Rotholzpulver eingerieben. Heute, und so war es auch bei Margret, werden nur noch die Beine und Füsse rot gefärbt. Rotholz ist das Zeichen für Wohlergehen, Glück und Segen. Das Hochzeitsfest dauerte die ganze Nacht. Im Morgengrauen kehrten die weiblichen Angehörigen von Margret nach Hause zurück, beladen mit Essen, das ihnen von Isaacs Familie mitgegeben worden war.

Die traditionelle Verpflichtung des Ehemannes gegenüber seiner Schwiegerfamilie

«Isaac hat», so erzählt Margret anerkennend, «die traditionellen Verpflichtungen gegenüber meiner Familie immer erfüllt. In den zwei Jahren, die der Heirat folgen, muss der Ehemann viele Leute mobilisieren, die seiner Schwiegerfamilie beim Einbringen der Maisernte helfen. Isaac erbat Hilfe von den Bewohnern seines Quartiers. An einem speziell dafür festgelegten Tag gingen sie auf die Felder meiner Familie und halfen beim Einbringen der Ernte. Nach diesen ersten zwei Maisernten muss bei den folgenden Ernten nur noch er mithelfen oder er kann jemanden damit beauftragen. Allerdings muss er dafür bezahlen.»

Die eigene Familie

Nach der Heirat folgte Margret ihrem Mann in den Süden nach Lobe, wo er bei der staatlichen Plantagengesellschaft arbeitete. Sie blieben nur eine kurze Zeit, denn Isaac erhielt eine neue Stelle in der Stadt Nkongsamba. Dort gebar Margret 1983 ihren ersten Sohn. Sie nannten ihn Ephilus. Nach drei Jahren kam die Familie zurück in die Nordwest-Provinz, wo sie sich in Bamenda niederliess. Isaac arbeitet seither im Touristenbüro der Regierung. «Lohn», so Margret, «bekommt er zwar zurzeit keinen, aber er kann es sich nicht leisten, deswegen nicht mehr zur Arbeit zu gehen, sonst wird er sofort entlassen und die bisher bezahlten Sozialleistungen sind dahin. Unsere landesweite Wirtschaftskrise ist der Grund, warum die Regierung auch im Sektor Tourismus nicht mehr genug Geld für die Löhne hat.»

In Bamenda gebar Margret ihren zweiten Sohn, Diwan. Er starb mit neun Monaten. «Ich weiss nicht weshalb», meint Margret dazu. Der dritte Sohn, Philemon, kam vor gut zwei Jahren zur Welt. Er

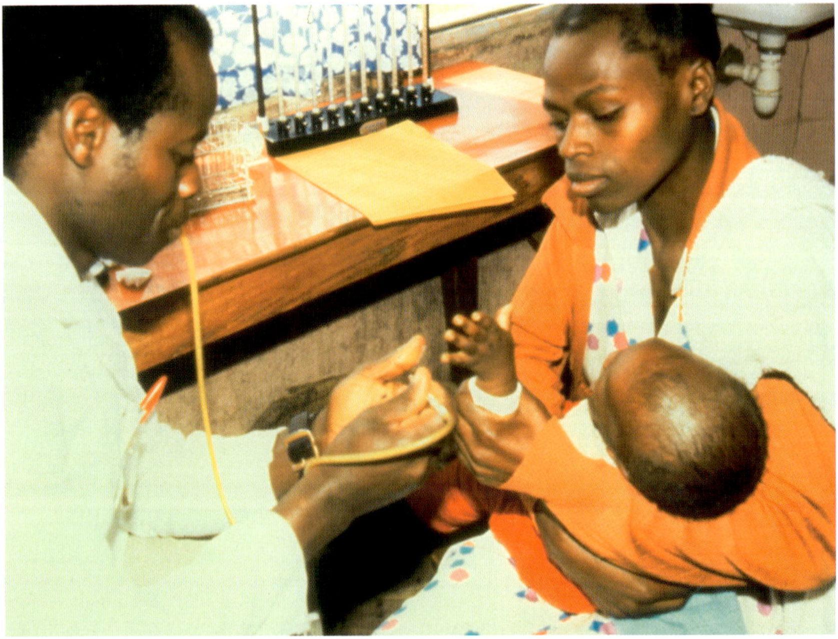

Bluttest im Spitallabor

leidet an der sogenannten Sichelzellenkrankheit, einer Erkrankung der roten Blutkörperchen, die vorwiegend in Afrika vorkommt. Ob Philemon diese Krankheit überlebt, ist offen.

Vor einem Jahr kam Margret mit Philemon ins schwiegerelterliche Gehöft nach Bamessing zurück. Margret: «Mein Mann hat gewünscht, dass ich hauptsächlich hier lebe. Seine Eltern seien alt und oft krank. Es ist an uns, die Eltern im Alter zu unterstützen. Das kann ich nicht so gut, wenn ich in Bamenda wohne. Isaac und Ephilus sind in Bamenda geblieben. Isaac kann seine Arbeitsstelle nicht verlassen und Ephilus geht in Bamenda zur Schule.» Betreut wird Ephilus von einem Neffen von Margret, der ebenfalls in Bamenda zur Schule geht.

Einmal im Monat bringt Margret Philemon ins Gesundheitszentrum nach Bamenda, wo er untersucht und medizinisch behandelt wird. Dann lebt die Kleinfamilie für einige Tage zusammen.

Bargeld

Um etwas Geld zu verdienen, kauft und verkauft Margret Erdnüsschen. In Bamessing tut das ihre Schwiegermutter seit Jahrzehnten und so teilen sie sich in die Arbeit. In Bamenda hilft ihr Ephilus dabei.

Kirchenzugehörigkeit

Margret und Isaac kommen aus presbyterianischen Familien. Beide wurden bereits als kleine Kinder getauft. Später liessen sie sich konfirmieren. Margret tat dies während der Zeit, als sie in Nkongsamba lebten, am Tauftag ihres Sohnes Ephilus.

Während der Zeit in Bamenda konnte Margret mit anderen Erwachsenen zusammen ein wenig lesen und schreiben lernen. Das hilft ihr heute sehr. Sie singt zudem gerne und gut und übt mit der kirchlichen Frauengruppe viele Lieder aus dem Gesangbuch ein.

Die Frauengruppe begrüsst die Autorin anlässlich ihres Besuches im Oktober 2007 mit einem selbstkomponierten Lied. Margret Befu in der Mitte mit blauer Bluse

Julie Pefok

3 Wenn es auch verschiedene Religionen gibt, so gibt es doch nur einen Gott.

Das Dasein als Pfarrfrau mit vielen Kindern ist vielfältig und anstrengend. Trotzdem hilft Julie mit, zusätzlich Bargeld für die grosse Familie zu verdienen.

Juliana oder Julie, wie sie heute genannt wird, ist ihr Rufname, Silewa ihr Geburtsname und Pefok derjenige ihres Ehemannes. Julie wurde ungefähr 1943 geboren. Ihr Vater ist Bürger von Mandankwe, einem Dorf, das oberhalb von Bamenda liegt. Vor seiner Pensionierung war er Regierungsbeamter. Seine erste Frau starb, ohne Kinder zur Welt gebracht zu haben. Das tat dem Bruder des damaligen Sultans von Foumban – er kannte Julies Vater gut – sehr leid. Er gab ihm deshalb eine seiner Töchter zur Frau. Julies Vater musste für sie keinen Brautpreis bezahlen. Für Prinzessinnen sei das nicht üblich, erklärt Julie. Die junge Frau gebar ihrem Mann nach und nach sechs Kinder, drei Mädchen und drei Knaben. Julie war das älteste Kind. Ihr Vater heiratete später noch vier weitere Frauen, jede brachte viele Kinder zur Welt.

Julie wurde von ihrem Vater zur Schule geschickt. Ihm war die Ausbildung der Kinder wichtig, auch die der Mädchen. Julie besuchte die Primarschule bis und mit der vierten Klasse, dann – 1962 – heiratete sie.

Heirat mit Richard Foncham Pefok

«Meine spätere Schwiegermutter, eine gebürtige Frau aus Bali-Nyonga, wohnte in der Nähe unseres Elternhauses in Bamenda», beginnt Julie zu erzählen. «Sie hatte die Absicht, Richard, einen ihrer Söhne, mit einer Halbschwester von mir zu verheiraten. Der Brautpreis war bereits bezahlt und auch alle übrigen Verpflichtungen waren getätigt. Eines Tages kam diese Frau mit Richard in unser Gehöft, um ihm seine zukünftige Frau vorzustellen. Richard sah das Mädchen und lehnte die Heirat mit ihm ab. Aus welchem Grund, das weiss ich bis heute nicht. Während dieses Besuchs sah Richard, wie ich draussen auf dem Hof Wasser holen ging. ‹Dieses Mädchen will ich heiraten›, habe er gesagt und auf mich gezeigt. Gegen Abend rief mich mein Vater zu sich und sagte mir: ‹Du wirst nicht weiter zur Schule gehen. Du wirst heiraten.› Ich gab ihm zur Antwort: ‹Alles, was du entscheidest, ist recht, Vater.› Die Mutter der von Richard zurückgewiesenen Halbschwester war nicht beleidigt. Meine Mutter war einverstanden mit der Heirat und da das Finanzielle bereits geregelt war, hat unsere Heirat sehr bald stattgefunden, auf traditionelle, zivile und kirchliche Art.»

Zu jener Zeit arbeitete Richard Foncham Pefok als Mechaniker in Limbe bei der Cameroon Development Corporation (CDC). Später wechselte er zu Socopalm, einer Firma, die Palmöl erzeugt. Julie reiste nach ihrer Heirat ebenfalls nach Limbe. Später kaufte das Paar ein kleines Haus in der Nähe von Limbe, in Mile 4 (Meilenstein vier). Dort begann Julie in der Kirchgemeinde der Presbyterianischen Kirche als Sonntagsschullehrerin mitzuarbeiten.

Julie wird Christin

Julies Mutter war als Nichte des Sultans von Foumban eine Muslima. Wie ist Julie Christin geworden? Julie erzählt: «Meine Mutter hat etwa nach meinem zwölften Geburtstag begonnen, mich in ihrer Religion zu unterrichten. Eines Tages aber fand ich in unserem Haus eine Bibel. Ich begann darin zu lesen. Mein Vater war Presbyterianer. Da er aber mehrere Frauen hatte, war er kein abendmahlsberechtigtes Mitglied mehr. (Männer mit zwei oder mehreren Ehefrauen werden in der Kirche vom Abendmahl oder der Kommunion ausgeschlossen. Dies gilt für alle christlichen Kirchen in Kamerun. Die Ehefrauen dieser Männer sind zum Abendmahl oder der Kommunion zugelassen, da sie nur einen Ehegatten haben.) Mich interessierte, was in der Bibel steht. Ich wollte mehr wissen. Meine Mutter war mit meinem Wunsch, Christin zu werden, einverstanden. Sie sagte mir damals, wenn es auch verschiedene Religionen gebe, so gebe es doch nur einen Gott. Meinem Vater meinen Wunsch zu vermitteln, war schwieriger. Ich hatte grossen Respekt vor ihm und Angst vor seiner Reaktion. Mehrmals nahm ich einen Anlauf. Ich betete in meinem Zimmer, bevor ich vor seine Türe trat. Eines Tages nahm ich all meinen Mut zusammen, klopfte an und ging hinein. Als Antwort auf meine Frage schlug er mit der Hand auf meinen Kopf. Einige Zeit später nahm ich wieder mein Herz in beide Hände und bat Vater erneut um seine Einwilligung. Eisernes Schweigen war dieses Mal die Antwort.

Eines Tages, Papa war seit einigen Monaten auf Reisen im 50 Kilometer entfernten Ndop Gebiet, rief mich meine Mutter zu sich. Sie sagte mir, mein Vater hätte ihr einen Brief geschrieben. Darin gebe er seine Einwilligung, dass ich Christin werden dürfe. Auch meine Schwester und mein Bruder sollten mit mir zusammen den Taufunterricht besuchen. Das war eine grosse Freude für mich. Von nun an besuchten wir den Taufunterricht. Ich erinnere mich noch, dass ich es sehr ernst nahm. Um den Stoff fürs Taufkleid, der damals noch weiss zu sein hatte, kaufen zu können, kaufte und verkaufte ich Orangen auf dem örtlichen Markt. Genäht habe ich das Kleid selber, so gut ich es eben als junges Mädchen konnte. Während des Taufgottesdienstes rief mich unser Pfarrer nach vorne, hielt meine Hand hoch und sagte zur Gemeinde, dies sei das Mädchen mit der besten Note im Schlussexamen des Taufunterrichts. Er rief die Leute der Kirchgemeinde und des Kirchenchors auf, dieses Mädchen gut zu betreuen. Nach dem Gottesdienst begleitete die Gemeinde uns in unser Gehöft. Mein Vater hatte, wohl in weiser Voraussicht, schon lange vor diesem Sonntag den Befehl gegeben, am Taufsonntag Essen bereitzuhalten. Ebenso sollte der in der Nacht zuvor gezapfte Palmwein an diesem Tag nicht, wie sonst üblich, verkauft werden, sondern im Haus für die Feier bereitgehalten bleiben. Auf diese Weise war es unserer Familie möglich, die Gäste zu bewirten. Nach dem Essen stand ein Mitglied des Kirchenvorstandes auf und sprach zu allen

Mitgliedern unserer Familie. Er sagte, ich sei das Licht dieses Gehöfts und rief alle auf, mir zu folgen. Es war ein grosser Tag für mich. Das war 1961. Ein Jahr später heirateten Richard und ich.»

Julies Mann will Pfarrer werden

In den ersten Jahren ihrer Ehe stellte Richard Julie dreimal nacheinander die Frage, ob sie einverstanden sei, wenn er ein Examen für eine weitere Ausbildung ablegen würde. Beim ersten und zweiten Mal äusserte er sich nicht über die Art der Ausbildung. So schwieg Julie. Erst beim dritten Mal erklärte er ihr, er möchte Pfarrer werden. Diese Ausbildung würde, falls er die Aufnahmeprüfung bestehe, vier Jahre dauern. Sie müssten während dieser Zeit in Nyasoso leben, wo damals das Theologische College stationiert war. Das Einkommen als Pfarrer werde sehr viel kleiner sein, als was er jetzt als Mechaniker verdiene. (Ein Pfarrer oder eine Pfarrerin verdient viel weniger als ein guter Mechaniker. Ein selbstständiger Mechaniker hat oftmals zusätzlich zu seinem Lohn ein Einkommen durch die Ausbildung von Lehrlingen, die dem Lehrmeister ein bedeutendes Lehrgeld zahlen müssen. *Anm. d.V.*) Zudem müsse die ganze Familie bereit sein, immer dorthin zu ziehen, wo ihn die Kirche hinschicke. Julie erinnert sich: «Nachdem ich all das gehört hatte, gab ich Richard mein Einverständnis. Wir knieten nieder, beteten zusammen sehr lange und baten Gott um seinen Beistand, sowohl für das Examen wie auch für die Zeit danach.»

Richard bestand die Aufnahmeprüfung. Die ganze Familie, Julie hatte inzwischen zwei Knaben das Leben geschenkt, zog daraufhin auf Semesteranfang nach Nyasoso.

Die Arbeit in der Frauengruppe

Vor der Zeit in Nyasoso, also schon in Limbe, begann Julie mit ihrer Arbeit in der Frauengruppe der Presbyterianischen Kirche. Julie erzählt: «Die Sekretärin der Frauenarbeit unserer Kirche im Südwesten Kameruns kannte meinen Mann seit einiger Zeit, weil er damals Kassier der örtlichen Kirchgemeinde gewesen war. Eines

Julie Pefok mit ihrem Ehemann Richard

Tages besuchte sie uns zu Hause. Sie fragte mich, ob ich nicht gewillt wäre, einen Leiterinnenkurs der Frauengruppe zu besuchen. Ich war gerne bereit. Richard war einverstanden. So besuchte ich, zusammen mit unserem damals fünf Monate alten Samuel, unserem zweiten Kind, diesen Kurs. Bereits am ersten Tag wurde ich von der Kursleiterin angefragt, die Morgenandacht vom nächsten Tag zu übernehmen. ‹Welchen Text?› fragte ich. ‹Irgendeiner›, war die Antwort. Ich zweifelte, ob ich dazu fähig wäre, denn als Sonntagsschullehrerin war ich an den Unterricht mit Kindern gewöhnt, nicht aber mit Erwachsenen. Die Leiterin meinte, ich solle es einfach einmal probieren. Am Abend, nachdem Samuel versorgt war und schlief, kniete ich nieder und bat Gott um seinen Beistand. Dann nahm ich die Bibel und schlug sie auf. Meine Augen fielen auf die Stelle Jakobus 2,5-8. (Gott hat doch gerade die erwählt, die in den Augen dieser Welt arm sind, um sie aufgrund ihres Glaubens reich zu machen. Sie sollen in Gottes neue Welt kommen, die er denen versprochen hat, die ihn lieben. Ihr aber verachtet die Armen! Und wer unterdrückt euch und bringt euch vor Gericht? Die Reichen! Sind sie es nicht, die verächtlich reden über den Namen, der bei der Taufe über euch ausgerufen wurde? Handelt nach dem Gesetz, das Gott, der grosse König, erlassen hat und in dem es heisst, liebe deinen Mitmenschen wie dich selbst. Dann tut ihr recht.) Ich bereitete die Meditation nach diesem Text vor. Am folgenden Morgen in der Frühe betete ich wieder. Dann ging ich zu den anderen Frauen. Mir war sehr bange. Die Frauen kamen, hörten zu, schienen zu verstehen. Ich war sehr froh, besonders auch, nachdem die Leiterin später zu mir sagte, ich hätte meine Sache gut gemacht.

Nach dem Kurs planten wir in unserer Kirchgemeinde eine eigene Frauengruppe zu gründen. Die Leiterin der Frauenarbeit kam eines Sonntags, hielt die Predigt und nach dem Gottesdienst wurden die Frauen zusammengerufen. Wer Interesse hatte, Mitglied der Frauengruppe zu werden, konnte sich melden. Dann wurde das Arbeitsprogramm vorgestellt, das alljährlich vom Zentralsekretariat der kirchlichen Frauenarbeit vorbereitet und den örtlichen Gruppen zur Verfügung gestellt wird. In der nächsten Woche trafen sich die Frauen zum ersten Mal zu ihrer Gruppensitzung. Als Erstes mussten eine Präsidentin, eine Sekretärin und eine Kassiererin gewählt werden. In unserer Gruppe konnten nur zwei Frauen lesen und schreiben. Ich wurde mit Applaus zur Präsidentin und Leiterin gewählt. Zwei Funktionen in einer Person zu vereinigen, war damals noch möglich.»

Das war in den Sechzigerjahren. Seither, wo immer auch Julie wohnt, vier Jahre in Nyasoso, je zwei Jahre in Ndian und Bafut, fünf Jahre in Buea und jetzt in Bamenda, ist sie Mitglied der christlichen Frauengruppe CWF (Christian Women Fellowship). 1986 und 1987 arbeitete sie sogar vollzeitlich auf dem Provinzsekretariat der Frauenarbeit in Bamenda.

Die immer grösser werdende Familie

Julie und Richard Pefok haben zusammen sechs Kinder, drei Mädchen und drei Knaben. Dazu hatte Julie im Laufe der Zeit vier Fehlgeburten. An einer wäre sie beinahe verblutet. Sie sagte, nur dank Gottes Hilfe, einem unbekannten Autofahrer, der sie zur rechten Zeit in ein entferntes Spital gebracht hatte, und dem dortigen Arzt habe sie überlebt.

Die immer grösser werdende Familie mit dem kargen Pfarrerslohn durchzubringen war nur möglich, weil Julie immer mithalf, Geld zu verdienen. In Nyasoso konnte sie damals bei einer Missionarsfrau stricken lernen. Sie hat dann Bébéjäckchen angefertigt und diese verkauft. Auch lernte sie Brot und *puff-puff* backen, ein in Kamerun sehr beliebtes Gebäck. Beides verkaufte sie auf den örtlichen Märkten oder an Schulkinder und Studenten auf den Schulhöfen. Auch später, wo immer die Kirche ihrem Mann eine Pfarrstelle übertragen hatte, fand Julie eine Tätigkeit, die ihr zu einem zusätzlichen, wenn auch kleinen Einkommen verhalf.

Ihre Fähigkeiten sowie ihre Lebenserfahrung führten Julie dazu, ihrer Familie wie auch den Mitgliedern der Kirchgemeinde stets

Julie, die Familien-, Berufs- und Pfarrfrau

mit Rat und Tat zur Seite zu stehen. Und vor allem in einem Tätigkeitsbereich, der nicht mit Prestige überhäuft ist, der Gefängnisarbeit, kam ihr all das zugute, was sie wusste, kannte und selber erlebt hatte.

Gefängnisarbeit

Bereits in der Zeit in Buea hatte Julie zusammen mit anderen Frauen angefangen, Woche für Woche, Frauen und Männer in den Gefängnissen zu besuchen. Die Frauen kochen Essen und bringen es den Gefangenen. In den Gefängnissen halten sie zudem eine kurze Andacht, singen mit den Gefangenen und beten mit ihnen. Julie: «Zu den Gefangenen haben wir inzwischen guten Kontakt. Sie kennen viele Lieder und freuen sich auf unser Kommen. Wir werden immer stürmisch begrüsst. Damals, als wir von Buea nach Bamenda versetzt wurden, haben die Männer im Gefängnis von Buea bei unserer Verabschiedung ein Theaterstück aufgeführt, um ihre Dankbarkeit zu zeigen. Dort über dem Sofa hängt ein Bild, das ich von den Gefangenen zum Abschied geschenkt bekommen habe.»

Und heute?

«Meine wohl wichtigste Aufgabe ist die der Pfarrfrau. Mein Mann ist inzwischen Pfarrer der grossen und bedeutenden Stadtkirchgemeinde Ntamulung hier in Bamenda. Zudem ist er Dekan unseres Bezirks. Ihm bei seinen Aufgaben zur Seite zu stehen, ist mir wichtig. Meine Mutter hat mir übrigens kürzlich gesagt, sie sei jetzt überzeugt, dass mein damaliger Wunsch, Christin zu werden, nicht nur einer Idee von mir entsprungen, sondern aus einem tiefen Bedürfnis heraus entstanden sei. Ich habe das schon damals gespürt. Ich freue mich aber, dass auch sie es nun so sieht.»

Elisabeth Bone

4 Behalte deinen Stoff.

Ein schweres Herz bringt den Ehemann dazu, seiner Frau den Kirchgang zu erlauben. Zusammen treffen sie zudem einen seltenen Entscheid, um keine Kinder mehr zu bekommen.

Elisabeth Bone ist ungefähr 50 Jahre alt. Sie hat 13 Kinder geboren, davon zweimal Zwillinge. Sie ist also eine *Che Nchantong,* wie die Mütter von Zwillingen in Bamessing genannt werden. Von den 13 Kindern leben heute noch zehn, sieben Mädchen und drei Knaben. Ein Mädchen ist am Tag der Geburt gestorben, zwei andere im Säuglingsalter. Elisabeth bemerkt zum Tod ihrer Kinder: «Ich weiss nicht, woran sie gestorben sind.» Ihr jüngstes Kind ist nun sechs Jahre alt und geht in die zweite Klasse. Elisabeth selber konnte nie eine Schule besuchen. Als sie geboren wurde, gab es in ihrer Umgebung keine Schule und dort, weit weg von Bamessing, wo es eine Schule gab, hatte die Familie keine Verwandten, bei denen Elisabeth hätte wohnen können.

Kindheit und Heirat

Das Gehöft von Elisabeths Familie liegt ganz oben auf dem Berg im Ntukwe Quartier von Bamessing. Viel hügeliges Ackerland und somit viel Arbeit gehören dazu. Elisabeths Vater hatte drei Frauen und viele Kinder. Sie selber war das fünfte und jüngste Kind ihrer leiblichen Mutter. Ihr einziger ‹richtiger› Bruder, Lucas Lanteng, wurde nach dem Tod des Vaters Oberhaupt der Grossfamilie.

Einer ihrer Halbbrüder arbeitete früher, wie viele Männer aus Bamessing, in einer Gummibaum-Plantage im Südwesten Kameruns. Eines Tages kam er zusammen mit einem Kollegen namens Marco Kuongwo auf Urlaub. Marco, auch ein Mann aus Bamessing, zeigte Interesse an Elisabeth. Ihr Halbbruder liess sie rufen und fragte, ob sie diesen Mann heiraten wolle. Sie hatte nichts gegen den Mann und also keinen Grund, ihn abzulehnen. Marco Kuongwo hielt daraufhin bei ihrem Vater um ihre Hand an. Die beiden Männer vereinbarten einen Brautpreis und der Zukünftige zahlte sofort die erste Rate.

Die Zeit im Südwesten Kameruns

Nach der Heirat folgte Elisabeth ihrem Mann in den Südwesten Kameruns. Elisabeth schildert die damalige Zeit: *«Me, I nobe happy, no small.* (Ich war nicht glücklich.) Unser erstes Kind starb kurz nach der Geburt. Dann kamen Zwillinge zur Welt, zwei Mädchen.

Aufnahme von neuen Mitgliedern in die kirchliche Frauengruppe

Später folgte unser erster Sohn. Trotz der vielen Arbeit fühlte ich mich fern von Bamessing sehr allein. Als dann eines Tages mein Halbbruder plötzlich starb, wollte ich nicht mehr länger im Süden bleiben. Mein Mann und ich kehrten mit unseren drei kleinen Kindern zurück in Marcos elterliches Gehöft, wo wir heute noch leben. Hier kamen dann alle anderen Kinder zur Welt. Auch Marcos Mutter ist bei uns. Inzwischen ist sie alt und blind geworden.»

Auf die Frage, wie sie es immer fertigbringe, alle Kinder zu ernähren und erst noch zur Schule zu schicken, antwortet Elisabeth: «Einfach mit unserer Hände Arbeit. Ich pflanze mehr an, als wir brauchen. Den Überschuss verkaufen wir auf dem Markt, Süsskartoffeln, Bohnen, *cocoyam,* Mais. Den Mais, der auf dem Dachboden meines Hauses liegt, brauchen wir zum Essen, denjenigen auf dem Dachboden des Hauses meines Mannes können wir verkaufen. Marco webt zudem die traditionellen Bamessing Taschen und treibt Kleinhandel mit Kerosin und Kolanüssen. Wir bauen auch Kaffee an, aber das gibt inzwischen kein Geld mehr.»

Der sehnlichste Wunsch

Elisabeth ist ein aktives Mitglied der Presbyterianischen Kirche. Alle ihre Kinder liess sie taufen. Ihr Wunsch, Christin zu werden, erwachte, als sie noch im Süden lebte. Sie wäre gerne zur Kirche gegangen, besonders nach dem Tod ihres ersten Kindes. Aber ihr Mann Marco war dagegen. Wieder zu Hause in Bamessing sprach Elisabeth erneut mit ihrem Mann, vergeblich. Als Marco ihr nach einigen Jahren am Weihnachtstag das traditionelle Stück Kleiderstoff geben wollte, wurde sie traurig. Nach dem Grund ihrer Traurigkeit gefragt, antwortete Elisabeth: *«Me I de beg, make you keep tat rapa.* (Behalte deinen Stoff.) Was ich mir wünsche, ist, in die Kirche gehen zu dürfen.» Da endlich gab Marco seine Einwilligung. Er wolle nicht, dass ihr Herz schwer sei, erklärte er, und den Stoff solle sie auch behalten. Am folgenden Sonntag früh brachte Elisabeth ihrer Schwiegermutter wie jeden Tag warmes Wasser zum Waschen. Gleichzeitig lud sie sie ein, mit ihr zur Kirche zu gehen. Die

Schwiegermutter war damit einverstanden. Für beide war es der erste Kirchgang. Gemeinsam liessen sie sich später auch taufen. Seither ist Elisabeth ein aktives Mitglied nicht nur im Gottesdienst, sondern auch in der kirchlichen Frauengruppe. Nur versteht sie nicht, warum viele Frauen klagen, sie hätten nicht genug Geld für die Kirchensteuer. Jährlich rund sieben Franken fünfzig seien wirklich zu schaffen. Denn auf dem Markt geben manche ein Mehrfaches davon für Kleider und anderes aus, ohne mit der Wimper zu zucken. Von ihrem Mais lege sie jährlich drei Kübel voll Körner auf die Seite, und wenn der Maispreis steigt, verkaufe sie den Mais. Der Erlös reiche für die Kirchensteuer der ganzen Familie.

So pflichtbewusst und verlässlich wie mit der Kirchensteuer ist Elisabeth auch sonst. Auf sie können alle zählen, ihr Mann, ihre Kinder, die Nachbarn. Alle lieben ihre bescheidene fröhliche Art. Dass sie geschätzt wird, zeigte sich beispielsweise, als sie kürzlich ernsthaft erkrankte. Ihr Mann begleitete sie in das Krankenhaus und betreute sie fürsorglich. Die Nachbarn übernahmen während dieser Zeit die Betreuung der Kinder.

Keine weiteren Kinder

Elisabeth und ihr Mann haben ein gutes Einvernehmen miteinander. Nach dem 13. Kind wollte Elisabeth keine weiteren Kinder mehr haben. Um nicht mehr schwanger zu werden, hat das Ehepaar einfach aufgehört, miteinander zu schlafen. Marco Kuongwo war damit einverstanden und hat sich keine zweite Frau genommen, wie es sonst im Dorf üblich ist, um dieses ‹Problem› zu lösen.

Durch den Verkauf ihrer Produkte erhalten die Frauen das dringend benötigte Bargeld.

Lucy Mae

5

«Damals haben wir den Entscheid unserer Eltern mit gesenktem Kopf akzeptiert.»

Auf Drängen seiner Ehefrau, mit der Lucas zufrieden ist, heiratet er eine zweite Frau und steht nun des Öfteren mittags ohne Essen da. Ausserdem beginnt sein Sohn Solomon den Besuch der Primarschule gleichzeitig mit dessen Onkel Felix.

Lucy Mae wurde ungefähr 1946 geboren. Sie war das zweite von fünf Kindern ihrer Mutter. Heute leben nur noch Lucy und ihre jüngste Schwester Helen.

Ein Mann, fünf Frauen und viele, viele Kinder

Lucys Mutter war die erste Frau ihres Mannes. Mit der Zeit heiratete er noch vier weitere Frauen. Lucy weiss nicht, wie ihr Vater jeweils den Brautpreis bezahlen konnte, denn sein Geld hatte er nur mit dem An- und Weiterverkauf von Kolanüssen verdient, was kein grosses Einkommen ergeben hatte.

«Bei insgesamt fünf Frauen gibt es natürlich auch viele Kinder. So gebar die zweite Frau meines Vaters neun Kinder, sechs leben heute noch, die dritte Frau gebar elf Kinder, zehn leben noch, die vierte Frau sechs, drei leben noch und die fünfte Frau fünf Kinder», zählt Lucy auf. «Meine Eltern sind längst gestorben. Das nach dem Tod meines Vaters gewählte neue Familienoberhaupt wohnt nicht in Bamessing, sondern auswärts. So lebt heute nur noch die fünfte Frau, Paulina, mit ihren Kindern in unserem elterlichen Gehöft.»

Die Heirat mit Lucas Mbonge

Lucy Mae konnte nie eine Schule besuchen. Zwar gab es diese Möglichkeit damals schon vereinzelt, aber die Schulen waren weit weg und die Einsicht, alle Kinder, auch Mädchen, zur Schule zu schicken, war noch wenig verbreitet. Im heiratsfähigen Alter wurde

Lucy mit Lucas Mbonge verheiratet. Er ist heute ungefähr 65 Jahre alt. Hatte Lucy zu dieser Heirat etwas zu sagen? «Nein», so Lucy, «damals haben wir Mädchen und junge Frauen mit gesenktem Kopf das Handeln und Entscheiden unserer Eltern und Schwiegereltern akzeptiert.» Auch Lucas Mbonge bestätigt, dass er nicht zur Heirat gefragt wurde: «Aber ich bin sehr damit einverstanden gewesen. Lucys Vater hatte nach einem Mann Ausschau gehalten, der Bargeld verdiente, damit er einen guten Brautpreis erzielen konnte. Ich habe zu jener Zeit im Süden an der Küste auf einer Bananenplantage gearbeitet und somit ein Einkommen gehabt. Also bin ich in Frage gekommen.» Kaum hatte Lucas den Brautpreis bezahlt und alle übrigen Verpflichtungen erledigt, wurde auf traditionelle Art und Weise geheiratet. In der Zwischenzeit war Lucas nach Bamessing zurückgekehrt, um wieder als Ackerbauer zu arbeiten.

Die Kinder von Lucy und Lucas

Ihr erstes Kind, Judith, gebar Lucy 1960. Judith konnte nie eine Schule besuchen, weil das nötige Geld damals einfach nicht vorhanden gewesen war. Die andern elf Kinder besuchten mehr oder weniger lang die Primarschule. Fünf Mädchen sind heute bereits verheiratet und haben selber Kinder. Judiths ältestes Kind, Comfort, obwohl erst 16 Jahre alt, ist auch schon verheiratet und Mutter eines vor wenigen Tagen auf die Welt gekommenen Mädchens. Lucys sechstes Kind, ein Knabe, starb in der vierten Klasse. Er sei krank gewesen, erklärt Lucy, vor allem habe er viel Kopfweh gehabt, mehr wisse sie aber nicht. Zacharias, der nächste Sohn von Lucy und Lucas, ist mit seinen 12 Jahren in der sechsten Klasse. Für sein Schulgeld kommen die Eltern auf. Die nächsten drei Kinder starben im Säuglingsalter. Warum wissen weder Lucy noch Lucas. Das zwölfte und letzte Kind, Solomon, ist jetzt sechs Jahre alt. «Er wird nach den Sommerferien auch in die Schule gehen», erklärt Lucy. «Rose, seine ältere Schwester, hat nun durch ihre Ferienarbeit genug Geld verdient, sodass es für sie und Solomon reicht. Und dann wird auch Felix mit ihm zusammen in die Schule gehen können.» Wer ist denn Felix? Lucy lacht und erklärt: «Felix ist ein Sohn unserer Tochter Esther. Ihn hat sie geboren, bevor sie geheiratet hat. Als sie dann zu ihrem Mann gezogen ist, hat sie Felix bei uns gelassen, wo er bisher ja auch gewohnt hat. So wachsen Solomon und Felix zusammen auf. Das ist für beide schöner, als wenn jeder allein wäre.»

Eine zweite Frau für Lucas

Lucy fährt fort: «Vor etwa fünf Jahren habe ich meinen Mann gebeten, eine zweite Frau zu nehmen. Ich bin müde. Und Kinder mag ich auch keine mehr gebären.» Lucas musste sich daraufhin wohl oder übel eine zweite Frau suchen. Er fand sie in Grace, einem jungen Mädchen. Lucy war mit seiner Wahl einverstanden. Nachdem Lucas den vereinbarten Brautpreis bezahlt hatte, zog Grace zu ihm und seiner Familie. Ein Jahr später gebar Grace einen Sohn, Eugen. Dieser ist nun bald ein Jahr alt.

Doch wie finden Arbeitskollegen Lucas nun des Öfteren mittags vor? Ohne Essen. Wie kommt denn das? Er habe Sorgen mit Grace, erklärt er. Sie stehe einfach nicht früh genug auf, um ihm sein Essen zuzubereiten. Wenn er kurz nach halb sieben Uhr das Haus verlasse, sei noch nichts bereit. Na ja, vielleicht hätte er nicht eine so junge Frau heiraten sollen, hänseln ihn die Kollegen, nun müsse er eben dafür büssen. «Nein», entgegnet Lucas finster, «das war nicht meine Idee, sondern die von Lucy. Und ich muss es nun ausbaden. Jede zweite Woche, wenn Lucy für mich kocht, klappt es. Nur wenn Grace an der Reihe ist, weiss ich jeweils nicht, ob das Essen bereit ist, wenn ich zur Arbeit gehe.»

Justina Kubong

6 Justina, Julia und Theresia leben polygam und ökumenisch

Wie Justina hart arbeitet, mit Hilfe ihrer Mitfrauen verhindert, ungewollt schwanger zu werden, und beweist, dass verschiedene Glaubensrichtungen sich vertragen.

Justina Kubong wurde laut Identitätskarte 1954 geboren. Aufgrund des Geburtsjahres ihres ersten Kindes 1970 könnte das stimmen, denn, so Justina: «Ich war noch sehr jung, als ich heiratete.» Justina ist keine Frau aus Bamessing, wo sie jetzt wohnt und die örtliche Sprache wie eine Einheimische spricht. Sie stammt aus Kedjom Ketingu, einem Nachbardorf von Bamessing, das hinter dem Berg liegt, an den Bamessing grenzt. Dort ist sie aufgewachsen. Ihr Vater heiratete fünf Frauen. Ihre Mutter starb bereits, als Justina noch ein ganz kleines Mädchen war. So hat sie nur eine ‹richtige› Schwester, alle anderen sind Halbschwestern und Halbbrüder. «Zur Schule gehen konnte ich nie. Es war selbstverständlich, dass wir Mädchen daheim und auf dem Feld arbeiteten.»

War ihr Vater denn ein wichtiger und reicher Mann, dass er sich so viele Frauen leisten konnte? «Nein, eigentlich nicht. Mein Vater war Händler. Daneben hat er noch Kühe gehabt. Und als das Pflanzen von Kaffeebäumen eingeführt wurde, ist er eben Kaffeebauer geworden. Der Verkauf von Kaffee hat sich damals noch gelohnt, im Gegensatz zu heute.» Trotzdem ist es eher ungewöhnlich, dass sich ein Mann den Brautpreis für fünf Frauen leisten kann, und Kühe besitzen in dieser Gegend normalerweise nur die Mbororos, ein Nomadenvolk.

Lucas Lanteng und seine drei Frauen

Justinas Ehemann, Lucas Lanteng, ist ein Mann aus Bamessing. Das Gehöft seiner Eltern liegt ganz oben am Berghang. Dort ist er aufgewachsen. Als junger Mann war er oft krank, sodass sein Vater ihn eines Tages zu einem *native doctor* nach Kedjom Ketingu, dem Geburtsort von Justina, zur Behandlung brachte. Nach seiner Genesung blieb Lucas Lanteng in Kedjom Ketingu und ging dem Beruf des Händlers nach. Dort baute er sich mit der Zeit sein eigenes Haus.

Eines Tages starb sein älterer Bruder. Traditionsgemäss musste Lucas Lanteng dessen Ehefrau Julia als seine eigene zu sich nehmen, ebenso Julias Kind. Im Laufe ihrer Ehe hatten Lucas und Julia zusammen noch fünf Kinder.

Einige Jahre später heiratete Lucas Lanteng Justina Kubong. Wie es damals üblich war und zum Teil noch heute ist, wurde die Heirat zwischen Lucas und Justinas Vater vereinbart. «Mein Vater hat mich aber um meine Meinung gefragt», sagt Justina. «Ich war einverstanden.» 1970 kam John zur Welt. Alle zwei Jahre folgten weitere Kinder, neun an der Zahl.

Wenige Jahre nach der Heirat mit Justina verheiratete sich Lucas Lanteng mit einer weiteren Frau aus Kedjom Ketingu. Sie heisst Theresia und war bereits Mutter von vier Kindern. Diese liess sie im Gehöft zurück. Die späteren zwei Kinder, deren Vater Lucas ist, wohnen bei ihr.

Die drei Frauen, Julia, Justina und Theresia, kommen gut miteinander aus. Oft sieht man sie gemeinsam auf den Markt oder zur Arbeit aufs Feld gehen. Nicht selten sind sie beim gemeinsamen Kochen in der Küche der einen oder anderen Frau anzutreffen.

Für Justina sind neun Kinder genug.

Nach der Geburt des neunten Kindes fühlte sich Justina müde und wollte keine weiteren Kinder mehr, wusste aber nicht, was sie tun musste, um das zu verhindern. Ihr Mann durfte von ihrem Ansinnen nichts erfahren. Er wäre nie und nimmer damit einverstanden gewesen. Sich ihrem Mann verweigern konnte sie nicht, wollte es auch nicht, denn sie mache selber gerne Liebe, wie sie schmunzelnd verriet. Nur eben, ein weiteres Kind wäre eine zu grosse Belastung für sie. Diese Situation nahm Justinas Frauengruppe zum Anlass, in einem der wöchentlichen Treffen über die verschiedenen Methoden der Schwangerschaftsverhütung und im Besonderen über das Beachten der fruchtbaren und unfruchtbaren Tage zu sprechen. Letzteres ist bei Frauen in polygamen Ehen sehr beliebt. Sie können sie anwenden, ohne dass der Ehemann etwas davon erfährt. Die einfache Absprache, wer an welchem Tag dem Ehemann ‹Feuer macht›, genügt.

Viele Jahre später wurde Justina gefragt, wie sie es erreicht habe, nach dem neunten Kind nicht mehr schwanger zu werden. Zuerst sagte sie: *«God i no bi givem.»* (Gott hat keine Kinder mehr gegeben.) Später fügte sie verschmitzt hinzu. «Ihr habt ja in der Frauengruppe gesagt, was wir tun können.»

Justinas Verlust der Tochter Gwendolyn

Justinas Tochter Gwendolyn heiratete einen gut situierten Metzger. Eines Tages wurde sie, im vierten Monat schwanger, mit hohem Fieber ins Krankenhaus gebracht. Dort starb sie einige Stunden später. Der Arzt diagnostizierte Hirnhautentzündung. Der Ehemann beschuldigte die Schwiegereltern, Gwendolyn verhext zu haben, während Gwendolyns Familie den Ehemann des Verbrechens bezichtigte, sie als Opfer an einen Geheimbund verkauft zu haben, bei dem er verschuldet war. Für Justina so oder so eine besonders traurige Situation.

Justina arbeitet hart

Nach dem Tod seiner Eltern zog Lucas Lanteng mit seinen drei Frauen und allen Kindern von Kedjom Ketingu in sein väterliches Gehöft nach Bamessing um. Bei guter Sicht ist es möglich, auf der anderen Seite des Berges das Dorf Kedjom Ketingu zu sehen. Die gesamte Grossfamilie bewirtschaftet eine grosse Fläche Land mit viel Einsatz und Arbeitskraft. Den Überschuss der Feldfrüchte verkauft sie auf dem lokalen Wochenmarkt und verschafft sich damit das nötige Bargeld. Justina verdient zusätzlich etwas Geld mit dem Herstellen und Verkaufen von *gari.* Auch als Sandlieferantin betätigt sie sich. Der angeschwemmte Sand, der

Die Ackerbäuerin Justina Kubong

zum Häuserbau dient, wird mit Hilfe eines Metallbeckens, das zwei Henkel hat, aus dem nahe gelegenen Fluss geholt. Frauen und einige wenige Männer stehen für die anstrengende Arbeit stundenlang im Fluss und tragen den Sand ans Ufer. Dort leeren sie ihn auf einen Haufen. Wenn eine Wagenladung bereit ist, stecken sie eine Art *fetisch* darauf, damit niemand von diesem Sand stiehlt. Sobald ein Käufer mit der Verkäuferin handelseinig geworden ist, wird der Sand vom Käufer abtransportiert. Justina ist immer zur Stelle, wenn Sand gebraucht wird, und ihre Haufen sind nie zu klein.

Justina, Julia und Theresia leben ökumenisch

Justina ist Mitglied der Presbyterianischen Kirche und der kirchlichen Frauengruppe. Ihre Mitfrau Julia ist Katholikin und die zweite Mitfrau Theresia Mitglied der Baptistengemeinde. Alle drei leben Ökumene in einem guten Miteinander. Justina erzählt, dass sie als Kind keine Kirche besuchen durfte. Auch ihr Ehemann sei am Anfang dagegen gewesen. Er hätte dann aber seine Meinung geändert und sie in die Presbyterianische Kirche geschickt. «Alle seine Kinder sind getauft, und zwar in unterschiedlichen Kirchen», verrät Justina.

Die Kleinsten sind immer dabei, auch bei der Arbeit auf dem Feld.

Theresia Ngwain

7

Oh, lass mich damit in Ruhe, berühre dieses Kapitel nicht. *(Oh, lef me, no go touch tis ting.)*

Die Verpflichtungen als Tochter einer Grossfamilie und als Ehefrau eines angehenden Primarlehrers erschweren ein Kameruner Frauenleben auf vielfältige Weise.

Theresia Ngwain wurde in eine Grossfamilie hineingeboren. Das väterliche Gehöft liegt nicht weit von ihrem jetzigen Zuhause entfernt. Ihr Vater, Johnson Yesi, ein guter und bekannter Maurer, hatte vier Frauen und viele Kinder. Heute lebt nur noch die vierte Frau, Lucy Beh, bei ihrem Mann. Theresias Mutter, sie ist schon recht alt, wohnt bei einer ihrer Töchter in Bamunka, dem gut 12 Kilometer entfernten Bezirkshauptort. Wenn sie bei Gelegenheit ins Dorf zurückkommt, quartiert sie sich bei Theresia ein. Die zweite Frau von Johnson Yesi ist schon lange gestorben. Die dritte Frau hat ihren Mann verlassen und lebt nun ebenfalls bei einem ihrer Kinder. Als kürzlich auch Lucy Beh ihren Mann nach einem Streit verliess, lautete Theresias Kommentar: «Er ist selber schuld. Er benimmt sich auch entsprechend.» Und trotzdem war Theresia froh, als die beiden Eheleute sich wieder versöhnten, denn Theresia wohnt von allen Kindern ihres Vaters am nächsten bei ihm. Wenn niemand für ihn kocht, fühlt sie sich verpflichtet, nach ihm zu schauen. Dabei hat sie eigentlich schon genug Belastung. Ihr eigener Mann, Clement, absolviert zurzeit eine Ausbildung als Lehrer. Deshalb muss Theresia ganze zwei Jahre allein für sich und die fünf Kinder sorgen.

Beruf und Verdienst

Theresia ist von Beruf Schneiderin. Nach der Geburt ihres ersten Kindes hat sie einige Monate in Kumba gewohnt und Schneiderin gelernt. Ihr Mann kaufte ihr in der Folge eine Nähmaschine.

Nun kann sie daheim arbeiten. Es gibt aber einen sehr guten Schneider in ihrem Quartier, den die meisten Leute aufsuchen. Deshalb bleiben für Theresia nicht viele Kundinnen übrig. Mit dem täglichen Verkauf von *gingis* an die Schulkinder der nahe gelegenen Primarschule verdient Theresia ein wenig Geld. Oft kommt es aber vor, dass sie den Verdienst braucht, um Öl oder Fisch oder sonst etwas für den täglichen Gebrauch zu kaufen, und wenn der 50-Kilogramm-Sack Mehl leer ist, muss sie erst wieder Geld organisieren, um *gingis* herstellen zu können. Immer wieder kommt es vor, dass sie das Mehl auf Kredit kauft und diesen abstottern muss.

Eine zusätzliche Verpflichtung und Belastung

Zu Beginn des Jahres kam Theresias ältester Bruder bei einem Autounfall in der Nähe von Kumba ums Leben. Sein Leichnam wurde nach Bamessing überführt und im väterlichen Gehöft beerdigt. Seit diesem Tag wohnt die Witwe des Bruders mit ihren drei Kindern bei Theresia. Sie wolle zwar, so sagt sie, nach der Geburt des vierten Kindes, mit dem sie schwanger ist, wieder zurück nach Kumba. Bis dahin vergehen aber noch einige Monate. Eine weitere Belastung für Theresia.

Die Heirat mit Clement und der damit verbundene Konfessionswechsel

Eine entsprechende Frage, wer die Idee zu einer Heirat zwischen ihr und Clement gehabt habe, beantwortet Theresia in Anwesenheit der Schwägerin mit: «Clement und ich haben einander getroffen und beschlossen zu heiraten.» Ein früheres Gespräch über ihre Schwierigkeiten mit Clement hatte jedoch zur Aussage geführt: «Es war eben ein Arrangement zwischen meinem Vater und Clement. *Fo tat time, me I no bi get sense.»* (Damals hatte ich noch nicht genug Verstand.) Diese Heirat zeitigte Auswirkungen auf ihre konfessionelle Zugehörigkeit. Clement ist katholisch, Theresia heute auch, obwohl sie aus einer presbyterianischen Familie stammt und in dieser Kirche getauft worden war. Bei der Heirat mit Clement wechselte sie zur katholischen Kirche, um, wie sie sagt, *«fo join masa»* (um bei ihrem Mann zu sein). Nach etlichen Ehejahren auf ihren damaligen Entscheid angesprochen, verwirft sie die Hände und sagt heftig: *«Oh, lef me, no go touch tis ting.»* (Oh, lass mich damit in Ruhe, berühre dieses Kapitel nicht.)

Gingis *und* puff-puffs *werden in Öl schwimmend gebacken.*

Christiana Injoh Sanyi

8 Ja, mein Mais ist eingebracht. Wir wollen doch nicht verhungern.

Weise ist, wer vorsorgt, um Erbstreitereien zu vermeiden – und wie weiterführende Schulbildung zu einer Position verhilft, in der die Solidarität unter Frauen besonders geschätzt wird.

Christiana Injoh Sanyi wurde 1957 in Nyen im Momo Bezirk geboren. Ihr Vater war Dorfhäuptling. Er heiratete zehn Frauen. Zwei der Frauen hatten je fünf Kinder geboren, alle anderen nur je zwei oder drei. Warum die Frauen nicht bis zu zehn Kinder hatten, was alltäglich gewesen wäre und auch von den Männern gewünscht, weiss Christiana nicht: «Mir ist es einfach aufgefallen. Meine Mutter zum Beispiel hatte nur drei Kinder.»

Die Zeit im Süden

Bis zu ihrem sechsten Lebensjahr wuchs Christiana im Häuptlingsgehöft auf. Dann kam sie in den Süden Kameruns zu einem Onkel und seiner Frau, um mitzuhelfen, deren Zwillinge zu betreuen. Die beiden Kinder starben jedoch und so schickte ihr Onkel Christiana zur Schule. Nach Abschluss der Primarschule besuchte sie drei Jahre lang die Sekundarschule. Dann aber wurde Christiana schwanger und musste die Schule verlassen. Nach der Geburt ihres Kindes war sie, da alleinstehend, gezwungen, eine Arbeit zu suchen. Sie fand diese bei der Cameroon Development Corporation (CDC), wo sie ihren Mann, Mathias Sanyi, kennenlernte. Er arbeitete als Lastwagenfahrer. «Wir heirateten und mit ihm zusammen hatte ich sieben Kinder», meint sie kurz und bündig. Heute sind diese Kinder zwischen drei und 24 Jahre alt.

Wem hat ihr Mann damals den Brautpreis bezahlen müssen, dem Vater oder dem Onkel, bei dem sie hauptsächlich aufgewachsen ist? Christiana: «Mein Onkel erhielt einen Teil davon, der Rest ging an meinen Vater.»

Babungo im Nordwesten

1977 kam die ganze Familie vom Süden zurück nach Babungo im Nordwesten Kameruns, dem Heimatort von Christianas Mann. Dort musste Christiana neu Fuss fassen. Vor allem hiess es eine neue Sprache lernen, das Babungo, denn sie kannte ‹nur› ihre Muttersprache aus dem Dorf Nyen, die Umgangssprache Pidgin und die Amtssprache Englisch.

Um Bargeld zu verdienen, begann Christiana Essen zu kochen und an den Markttagen im Dorf zu verkaufen. Meistens bestand es aus Reis und Bohnen, *fufu* und Fleisch oder Fisch. Ihr Mann, Mathias Sanyi, arbeitete weiterhin als Lastwagenfahrer, wenn auch jetzt mit eigenem Lastwagen. «Das Fahrzeug ist auf meinen Namen ausgestellt», hält Christiana fest, «sodass bei einem möglichen Tod meines Mannes keine Erbstreitereien entstehen, sowohl mit der Familie meines Mannes wie auch mit seiner zweiten Frau.» Und dann fährt Christiana fort: «Im Notfall kann ich so den Lastwagen verkaufen und das Schulgeld für unsere Kinder bezahlen.» Ganz nebenbei führt Christiana genauer aus: «Mein Mann hat vor fünf Jahren nochmals eine Frau geheiratet. Sie hat allerdings keine Kinder, obwohl sie gerne welche hätte.»

Frauengruppenberaterin

Wie ist Christiana zu ihrer heutigen Arbeit als Frauengruppenberaterin (Women's Work Helper) gekommen? «Mein Vater war Mitglied der Katholischen Kirche, meine Mutter Mitglied der Baptistengemeinde und mein Onkel gehörte zur Presbyterianischen Kirche. Da ich ja hauptsächlich bei diesem aufgewachsen bin, ging ich am Sonntag mit ihm in die Kirche. So war es selbstverständlich, dass ich auch Mitglied dieser Kirche geworden bin. Als wir nach Babungo gezogen waren, baten mich der dortige Pfarrer und seine Frau, in der kirchlichen Frauengruppe mitzumachen. Sie wussten, dass ich zur Schule gegangen war und so konnte ich, im Gegensatz zu den anderen Frauen in der Gruppe, lesen und schreiben. Bereits im ersten Jahr nach meinem Eintritt

Die Frauen der Frauengruppe helfen Christiana bei der Feldarbeit.

in die Frauengruppe besuchte ich den Leiterinnenkurs, um die Gruppe noch besser leiten zu können. Nachdem vor einigen Jahren unser Kirchenbezirk selbstständig geworden war, wurde ich Präsidentin der Bezirksfrauengruppen. Diese Aufgabe habe ich gerne ausgeführt. Vor einem Jahr wählten mich die Frauen dann zur Gruppenberaterin. Diese zwei Funktionen, Präsidentin und Beraterin, dürfen nach unserem Reglement nicht in der gleichen Person vereint sein. Deshalb habe ich das Amt der Präsidentin an eine andere Frau weitergegeben. Meine Aufgabe als Frauengruppenberaterin beinhaltet regelmässige Besuche der örtlichen Frauengruppen unseres Bezirks. Ich halte Lektionen über alle möglichen Themen, welche die Frauen direkt oder indirekt betreffen, und berate die Gruppen bei internen Problemen. Oftmals bin ich auch bei der Neugründung einer Gruppe dabei und bei der offiziellen Einsetzung neuer Mitglieder. Mein monatliches Gehalt entspricht ungefähr dem einer 20-prozentigen Anstellung einer Primarlehrerin. Mein Arbeitseinsatz ist aber viel grösser. Neu leite ich nun den jährlichen Gruppenleiterinnenkurs in unserem Bezirk, in dem wir jeweils das Arbeitsprogramm des kommenden Jahres vorstellen und erklären. Dazu muss ich selber vorangehend einen Kurs besuchen, um das Programm kennenzulernen. Ich habe in meiner Funktion viel zu tun. Mein Mais steht deshalb immer noch auf dem Feld, obwohl die Ernte schon längst begonnen hat.»

Wochen später antwortet Christiana auf die Frage nach dem Mais lachend: «Ja, mein Mais ist eingebracht. Wir wollen doch nicht verhungern. Ich habe es mit Hilfe der Mitglieder aus meiner Frauengruppe geschafft.»

Die Aufnahme von neuen Mitgliedern in die Frauengruppe ist immer ein Fest.

Regina Bineh

9 Wer wird für mich sorgen?

Wie der Brautpreis, zunächst ein Segen für die Brautfamilie, zu einer Belastung führen kann, und wie aus Bineh eine Regina wird.

Regina Binehs Identitätskarte weist 1945 als ihr Geburtsjahr aus, obwohl Regina ihr genaues Geburtsjahr nicht kennt. Jemand aus der Familie hatte einmal gesagt, sie sei am Ende des grossen Krieges (Zweiter Weltkrieg) zur Welt gekommen. Ihre Eltern hatten acht Kinder, zwei starben früh. Regina war das fünfte Kind. «Keines von uns Kindern konnte je zur Schule gehen», berichtet sie, «eine Schule gab es damals in unserem Dorf noch keine. Zudem war mein Vater arm. Wer hätte das Schulgeld bezahlen können? Mein Vater hatte auch immer nur eine Frau, für eine zweite Frau beziehungsweise für das Bezahlen eines zweiten Brautpreises hatte es ihm nie gereicht.»

Regina erzählt weiter: «Als ich noch ein ganz kleines Mädchen war, wählte mein Vater für mich einen Mann aus, Ben Mbengwa. Jahre später, ich war zur jungen Frau herangewachsen, heirateten wir, und ich zog ins Gehöft meines Mannes. Wir haben neun Kinder, drei Knaben und sechs Mädchen. Ein Knabe ist mit gut zwei Jahren gestorben. Schemi, unsere Jüngste, ist nun zweieinhalb Jahre alt.»

Das dringend benötigte Geld

Die Arbeitsbelastung für Regina ist gross. Von den acht noch lebenden Kindern wohnen sechs zu Hause, so zum Beispiel auch Florence. Florence heiratete zwar vor gut einem Jahr und ging mit ihrem Mann nach Kumba (Südwestkamerun). «Aber dieser Ehemann», seufzt Regina, «hatte nicht gut für Florence gesorgt. Nach einigen Monaten kam Florence wieder zu uns zurück. Vor vier Wochen hat sie eine Tochter geboren. Mein Mann, Ben Mbengwa,

Regina auf dem Weg zu einer Wöchnerin

muss nun den Brautpreis zurückzahlen, den er früher einmal für Florence erhalten hat. Das ist sehr schwierig, denn er hat kein Geld. Den Brautpreis von damals hat er gebraucht, um für die immer grösser werdende Familie zwei weitere Räume anzubauen. Für den Kauf des Wellbleches für das Dach dieser beiden Räume musste er Geld leihen, ohne es bisher zurückzahlen zu können. Mein Mann verdient nur sehr wenig mit gelegentlichem Weben von Taschen aus Raphiabast. Da das Rohmaterial für diese Taschen teuer und der Verkaufspreis für die fertigen Taschen gering ist, lohnt sich die Arbeit kaum. Das Gleiche gilt für den Anbau von Kaffeestauden. Der Kaffeepreis ist so niedrig, dass kein Gewinn erwirtschaftet werden kann. Ben Mbengwa ist zwar Quartierchef hier, doch dieses Amt ist ehrenamtlich. Davon gibt es keine Einnahmen.»

Regina pflanzt *cocoyam* und *jamajama* an, und zwar mehr als sie für den Eigengebrauch benötigt. Was übrig bleibt, verkauft sie auf dem örtlichen Markt.

Früher hat Regina Körbe geflochten, aber auch diese Arbeit, so Regina, lohne sich kaum mehr. Sie erklärt dazu: «Selber besitzen wir keine Raphiabüsche mehr. Wir müssen das ganze Rohmaterial zum Korbflechten kaufen. Die letzten Körbe, die ich geflochten habe, habe ich an Peter Mumbö, einem der Händler, verkaufen können. Dieser hat aber bis heute nur einen Drittel des Preises bezahlt. Den Rest, so hat er versprochen, bezahle er, wenn er die Körbe verkauft habe. Seither habe ich kein Geld mehr gesehen, obwohl er schon längstens von seiner Verkaufstour zurückgekommen ist. Ich weiss, dass Peter Mumbö einen schlechten Ruf als Händler hat. Er schuldet mehreren Korbflechterinnen Geld. Deshalb kann ich wohl nicht darauf vertrauen, eines Tages das mir zustehende Geld zu erhalten.»

Regina und ihr Mann schickten und schicken alle ihre Kinder zur Schule, was eine grosse finanzielle Belastung für die Familie bedeutet. Regina nachdenklich: *«All time me I de hask fo whose side we de take money fo school, book and uniform and all time we de get em.»* (Jedes Jahr frage ich mich, woher wir das Geld für die Schule, die

Regina Bineh beim wöchentlichen njangj-*Treffen*

Uniformen und die Bücher nehmen und jedes Jahr kriegen wir es irgendwie zusammen.)

Zur Kirche meint Regina: «Ich liess mich taufen, als ich schon verheiratet war und zwei Kinder hatte. Ich wollte einfach auch in die Kirche gehen. Dort ist es mir wohl. Den Namen Regina wünschte ich mir zur Taufe. Vorher hiess ich einfach Bineh, was soviel heisst wie ‹Wer wird für mich sorgen?›. Unsere Kinder gehören auch der Presbyterianischen Kirche an. Seit Neuestem nimmt mein Mann gelegentlich am Gottesdienst teil. Kürzlich hat er sich sogar für den nächstens beginnenden jährlichen Taufunterricht angemeldet, damit er sich an Weihnachten taufen lassen kann. Er möchte auch dazugehören.»

Regina Paulina Mongofo und Regina Bineh führen die Frauengruppe an.

Miriam Njoh

10

Ich habe mich gezwungen, es herauszufinden. (*I be force my skin fo sabi em.*)

Als Mirjam Njohs Ehemann überraschenderweise eine zweite Frau heiraten wollte, zeigte sie sich verständnisvoll und regelte später für die dritte Frau gleich alles selber.

Miriam Njohs Kindheit und Elternhaus

Na **Miriam** spricht ein sehr gutes und blumiges Pidginenglisch. Sie ist eine der ersten Frauen, die in den Anfängen der kirchlichen Frauenarbeit mitgearbeitet haben. Sie weiss nicht, wie alt sie ist. Ihr Mann, Ba Samuel Feh, meint, sie sei 1927 geboren worden. *Na* Miriam lacht, als sie erfährt, dass sie vermutlich etwa 65 Jahre alt sei und in diesem Alter die Frauen in der Schweiz bereits nicht mehr berufstätig sein müssen. «So habe ich also nun das Recht, mich hinsetzen zu können und nicht mehr arbeiten zu müssen, das ist gut», freut sie sich. Dann beginnt sie zu erzählen: «Mein Vater, Zacharia Tanje, arbeitete mit Europäern im Dienst der Kirche im Süden Kameruns. Soweit ich weiss, liess er sich dort auch taufen, und zwar von Pfarrer Modi Din aus Douala, einem der ersten Kameruner Pfarrer. Später, als mein Vater wieder hierher nach Bali-Nyonga zurückgekehrt war, traf er oft mit Missionar Vielhauer zusammen. Ihn lehrte er unsere Sprache, das Mungaka. Meine Mutter, sie hiess Ruth Yade, war eine Frau aus dem Gebiet Boyo. Sie lernte meinen Vater kennen, als er für einige Zeit dort arbeitete. Nach der Heirat zogen die beiden hierher nach Bali-Nyonga zur Grossfamilie meines Vaters.

Nach einigen Jahren Ehe wollte sich auch meine Mutter taufen lassen. Mein Vater war damit einverstanden. Sein Vater dagegen mischte sich mit den Worten ein: ‹Mein Sohn, du bist dumm, das wird deiner Frau die Augen öffnen. Sie wird selbstbewusst werden und dann hast du Probleme daheim. Vielleicht will sie dann sogar eines Tages selbstständig werden und wieder zurück in ihr Heimatdorf.› Mein Vater liess sich nicht beirren und die Prophezeiung traf auch nicht ein. Wir Kinder wurden alle als Säuglinge zur Taufe gebracht.

Nachdem der Bruder meines Vaters gestorben war, übernahm mein Vater – wie es bei uns Brauch ist – die Verantwortung für dessen Gehöft und auch die zwei Ehefrauen seines verstorbenen Bruders. Für meinen Vater war dieser Entscheid richtig. Er fühlte sich dazu verpflichtet. Es war ja auch kein anderer Bruder da, der die Familie hätte übernehmen können. Mit diesem Schritt verliess mein Vater aber die Monogamie. *We church don drive i from chop communion,* d.h. als Polygamist wurde er von der Kirche vom Abendmahl ausgeschlossen.» Und dann fügt *Na* Miriam mit Genugtuung bei: «Beerdigt hat die Kirche aber dann meinen Vater gleichwohl. Er starb an einem Weihnachtstag und Pfarrer Elisa Ndifon kam und beerdigte ihn.» So wie sie es sagt, tönt es wie ‹die Kirche hat ihn zurückgenommen›. «In welchem Jahr das gewesen ist, weiss ich nicht mehr. Ich weiss nur noch, dass unser Sohn Victor in der Jahreszeit auf die Welt kam, in der wir die Felder für das Pflanzen des Maises vorbereiteten, und als wir im gleichen Jahr diesen Mais assen, starb mein Vater. Kurze Zeit darauf holte ich meine Mutter zu mir. Sie blieb bei uns, bis sie vor wenigen Jahren in meinen Armen gestorben ist.»

Na Miriam hatte zwei ältere und drei jüngere Brüder. Heute leben nur noch der ältere Bruder Andrew und der jüngere Bruder Isaac. Rückblickend sagt sie zur ihrer Kindheit: «Als einziges Mädchen in meinem Elternhaus war es für mich manchmal nicht einfach. Meine Mutter behandelte mich wie eine Handtasche, fest unter ihren Arm geklemmt. Und mein Vater sagte jeweils ‹You are my woman›, was soviel heisst wie ‹ich behüte dich wie meine Frauen›. Ich kam kaum aus dem Gehöft heraus. Einzig am Sonntag konnte ich am Gottesdienst teilnehmen. Dazu hatten wir am Sonntagnachmittag manchmal Singen in der Kirche mit *Na* Elisabeth von der Missionsstation. Das war alles. Auch zur Schule durfte ich nicht gehen, im Gegensatz zu all meinen Brüdern. Später einmal hat Pfarrer Elisa Ndifon zu mir gesagt, hier habe mein Vater einen Fehler gemacht.»

Obwohl *Na* Miriam gerne zur Schule gegangen wäre, spricht sie sehr warmherzig und gut von ihrem Vater. Besonders auch jetzt, als sie von der Heirat mit *Ba* Samuel Feh zu sprechen anfängt: «Mein Vater hat immer gesagt, er werde mich nicht für Geld geben. Das hat nicht geheissen, dass er keinen Brautpreis verlangen wollte, aber er wolle mich nicht einfach jemandem geben, nur weil dieser begütert sei. Und das hat er dann auch wahr gemacht. Einmal kam nämlich ein Headmaster (Schulvorsteher) und wollte mich heiraten. Mein Vater hat abgelehnt. Als dann Samuel Feh kam und mich heiraten wollte, hat er zugestimmt. *Ba* Feh hatte keine Eltern mehr und war arm. Mein Vater hat damals gesagt, Gott liebe die Armen und Einsamen.

Wir haben geheiratet während der Zeit, als mein Mann seine erste Stelle als Katechet im Dorf Pinyin innehatte. Er hatte zuvor das von Missionar Vielhauer geleitete Katecheten-Ausbildungszentrum besucht, das zuerst in Bali-Nyonga und dann in Bafut geführt wurde. Wir haben hier in Bali-Nyonga in der Ntanfoang Kirche geheiratet. Eine Woche danach zogen wir zusammen nach Pinyin, wo unser erstes Kind Elisabeth zur Welt kam. Acht Monate später starb es und wurde dort begraben. Unser zweites Kind heisst Christine. Mit ihr auf dem Arm kamen wir zurück nach Bali-Nyonga. Seither sind wir hier. Unsere weiteren Kinder heissen John, Victor, Rose, Henry, Gregory, Helen und Dan. Ich hatte noch zwei Fehlgeburten. Die letzte war so schwer, dass alle Angst um mich hatten. Der damalige Pfleger in Bafut, ‹doctor Mathew›, wie wir ihn nannten, hatte angeordnet, mich sofort in das Krankenhaus nach Bamenda zu fahren. Nach meinem Spitalaufenthalt durfte ich ein volles Jahr nicht mehr auf den Feldern arbeiten. Kinder durfte ich auch keine mehr haben. So haben wir heute acht Kinder. Sie machen mir alle Freude. Der erste Sohn hat mir sogar eine seiner Töchter gegeben, damit sie für mich sorgt.»

Na *Miriam mit Sohn Gregory und Enkelin Rosette*

Die zwei Mitfrauen

Na Miriam, du hast zwei Mitfrauen, Agnes und Grace. Warst du damals einverstanden, dass dein Mann noch weitere Frauen geheiratet hat? «Na ja, das kam so», berichtet *Na* Miriam. «Nachdem wir einige Jahre in Bali-Nyonga gewohnt und bereits einige Kinder hatten, habe ich von Leuten erfahren, dass mein Mann offenbar auf Brautschau war. Jedenfalls wurde er in einem bestimmten Gehöft sehr oft gesehen. ‹*I be force my skin fo sabi em.*› (Ich habe mich gezwungen, es herauszufinden.) Ich fragte meinen Mann direkt. Er gestand mir, dass er gerne dieses Mädchen, Agnes, geboren 1937, heiraten würde. Ich habe ihn gefragt, ob er denn mit mir nicht mehr zufrieden sei. Doch schon, meinte er, er hätte keine Klagen. Und trotzdem möchte er eine zweite Frau. Unter diesen Umständen war ich dann einverstanden. Als er mit dem Bezahlen des Brautpreises fertig war, haben sie mir Agnes gebracht. Für die dritte Frau meines Mannes, Grace, geboren 1946, habe ich dann selber alles geregelt (wörtlich: *me I be fix all tat ting).* Auch sie wurde mir anvertraut.»

Mitglied der Frauengruppe und Kirchgemeinderätin

Na Miriam wurde bereits früh Kirchgemeinderätin, nämlich 1958 oder 1959, in dem Jahr, als sie ihren Sohn Henry im Arm hatte. Schwester Rosmarie Peter, eine der ersten Leiterinnen der Christlichen Frauengruppe, hatte damals die Kirchgemeinden gebeten, je zwei Frauen für den Aufbau der Frauengruppen in den Dörfern zur Verfügung zu stellen. «Unser Pfarrer, Elisa Ndifon, er war damals gerade in Deutschland wegen der Übersetzung der Bibel in die Mungakasprache, hatte geschrieben, *Na* Anna Kahkubang und ich seien die beiden Frauen von Bali-Nyonga. Kurze Zeit später kam Sr. Rosmarie Peter hierher. Mit den Frauen aus den umliegenden Kirchgemeinden und uns zwei aus Bali-Nyonga führte sie den ersten Kurs in unserer Gegend durch. So hat damals die offizielle kirchliche Frauenarbeit angefangen.

Eines Tages organisierte die regionale Kirchenleitung einen Kurs für Mitglieder von Kirchgemeinderäten. Wieder konnte ich dabei sein. Seither bin ich *elder.* Später wurde ich immer wieder gewählt, bis heute, obwohl ich jetzt alt bin.»

Na Miriam fährt nach einer Pause des Schweigens fort: «In den wöchentlichen Stunden der Frauenarbeit habe ich Mungaka lesen gelernt, sodass ich heute die Bibel und das wenige, was sonst noch in unserer Sprache geschrieben ist, lesen kann. Das ist sehr schön. Ich kann so am Sonntag im Gottesdienst, aber auch zu Hause, die Bibel in unserer eigenen Sprache lesen.»

Margret Mbekenyui

11 Der Fahrer verlässt ein volles Taxi nicht.

Analphabetin zu sein ist ein Hindernis. Und doch schafft es Margret, im ganzen Dorf respektiert zu werden, obwohl sie nicht mehr alle Bräuche einhält.

Margret Mbekenyui ist laut Identitätskarte 46 Jahre alt. Das genaue Geburtsjahr kennt sie nicht. Ihr Alter wurde geschätzt, als sie sich zum ersten Mal eine Identitätskarte ausstellen liess. Geburtsscheine gab es zur Zeit, als sie geboren wurde, noch keine.

Margret ist das erste Kind ihrer Eltern. Der Vater gab ihr den Namen Mbekenyui. Das heisst: ‹Gott sieht alles, was auf der Erde geschieht›. Den Namen Margret erhielt sie erst viele Jahre später von ihrem Mann, als dieser sie nach ihrer Heirat mit in den Süden Kameruns nahm, wo er damals arbeitete.

Margrets Mutter nutzte die Vorteile der Polygamie

Nach Margrets Geburt bat ihre Mutter den Vater, er solle sich eine zweite Frau nehmen, damit die Arbeit im Haus und auf dem Feld geteilt werden könne. Margrets Vater begann daraufhin für den zweiten Brautpreis zu sparen. Kurz nach der Geburt des dritten Kindes, es war der zweite Sohn, heiratete er seine zweite Frau.

Margrets Mutter gebar elf Kinder, davon starben sechs entweder kurz nach der Geburt oder im Säuglingsalter. Von den sechs Kindern ihrer Mitfrau starb nur eines. Die beiden Frauen kochten abwechselnd im gleichen Topf für die immer grösser werdende Familie. Im gleichen Topf kochen heisst auch ‹gut miteinander auskommen›. Heute leben die beiden Frauen, weil sie alt und krank sind, je bei ihren Söhnen und deren Familien. Margrets Mutter lebt bei ihrem zweiten Sohn. Dieser wurde damals nach dem Tod des Vaters Familienoberhaupt. Er trägt somit auch die offizielle Verantwortung für die beiden Witwen. Margret steuert ebenso ihren Teil zur Betreuung der eigenen Mutter bei und lädt sie regelmässig für einige Tage zu sich ein.

Heirat, Kinder und Grosskinder

Margret erzählt, wie es zu ihrer Ehe gekommen ist: «Als ich noch ein kleines Mädchen war, kam Abraham, mein späterer Mann, eines Tages in unser Gehöft. Er sah mich und fragte nach meinem Namen. Dieser wurde ihm ausgerichtet. Abraham ging heim und teilte seiner Mutter mit, dass er mich eines Tages heiraten möchte. Abrahams Mutter fragte daraufhin meine Mutter an. Die beiden Frauen wurden sich einig. Kurze Zeit später trafen sich auch die beiden Väter und besprachen die mögliche Heirat. Auch sie willigten ein. Abraham ging danach in den Süden Kameruns, um bei der Gesellschaft für Kautschukgewinnung Geld zu verdienen, damit er den Brautpreis bezahlen konnte. Als meine Brust gross genug war, das heisst, als ich eine junge Frau geworden war, teilte meine Familie Abraham mit, er könne mich nun heiraten. Abraham kam ins Dorf zurück. Wir heirateten nicht standesamtlich, sondern auf unsere traditionelle einheimische Art und Weise.»

Nach der Hochzeit zog das junge Paar in den Süden. Abraham arbeitete weiter in der Plantage und Margret kaufte und verkaufte kleine Haushaltsprodukte wie Seifen, Rasierklingen, Salz und anderes. Zwölf Jahre lebten sie im Süden, dann starb Abrahams Vater. Sie mussten nach Bamessing zurückkehren, um die Verantwortung für die Mutter und Abrahams jüngere Brüder zu übernehmen. Diese Jahre ausserhalb Bamessings haben Margret geprägt. Das ist deutlich zu spüren. Sie hat sich einen Weitblick erworben, der selten anzutreffen ist.

In den ersten paar Jahren ihrer Ehe gebar Margret drei Kinder. Das erste Kind, ein Mädchen, starb kurz nach der Geburt. Die beiden nächsten Kinder, Hanna und Everesto, überlebten. Gerne hätten Margret und Abraham noch weitere Kinder gehabt, aber Margret wurde nicht mehr schwanger. Das bedauert sie heute

Margret Mbekenyui stellt kleine Körbe in der Spiralwulsttechnik her.

noch. «Nun», so sagt sie, «konzentriere ich mich jetzt auf die Grosskinder und darauf, dass unser Sohn eine rechte Frau bekommt. Unsere Hanna ist schon verheiratet und lebt bei ihrem Ehemann im Süden Kameruns. Sie hat bisher drei Kinder geboren, das zweite starb kurz nach der Geburt. Mispa, die Erstgeborene, lebt seit ihrem dritten Lebensjahr bei mir. Sie geht dieses Jahr in die vierte Klasse.» Das dritte Kind von Hanna, ein dreijähriger Knabe, lebt bei seiner Mutter. Sollte Hanna noch ein weiteres Kind zur Welt bringen, will Margret dieses auch zu sich nehmen, sobald es entwöhnt ist. *«Ana i don gri»* (Hanna ist damit einverstanden), erläutert Margret, «denn für Kinder ist es besser, im Dorf aufzuwachsen als in der Stadt, und für Hanna ist das Leben einfacher mit nur einem Kind.»

Margret sucht eine Frau für den Sohn

Bei der Wahl der Ehefrau für den Sohn kann sich Margret dem gesellschaftlichen Druck nicht entziehen. Everesto ist heute 26 Jahre alt. Er arbeitet als Berufssoldat in Yaoundé, der Hauptstadt Kameruns. Für ihn hat Margret in Bamessing ein Mädchen ausgewählt, das später seine Frau werden soll. Dieses Mädchen geht noch zur Schule. Margret hat bereits die Hälfte des vereinbarten Brautpreises bezahlt. Nun wäre ein weiterer Teil fällig, weil die Grossmutter des Mädchens krank geworden ist und die Familie dringend Geld braucht. Bargeld verdient Margret aber nur wenig und so kommt der geforderte Betrag nur langsam zusammen.

Nach Tradition müsste eigentlich Abraham, der Vater, oder Everesto selbst den Brautpreis aufbringen. Margret entschuldigt beide, Abraham verdiene nicht viel mit dem Weben von Basttaschen und Armeeangehörige bräuchten halt viel Geld für sich selber. Für Margret ist es wichtig, dass Everesto eine gute Frau bekommt. Als der erste Teil des Brautpreises bezahlt wurde, gingen Abraham und Margret zusammen zum Haus der zukünftigen Schwiegertochter. Kurz vor dem Haus steckte Margret das Geld Abraham zu, und er händigte es aus.

Abraham ist Margret auch sonst in finanziellen Angelegenheiten keine Hilfe. Er hat keine feste Arbeit. Hin und wieder webt er einige Basttaschen. Diese verkauft er auf dem örtlichen Markt. Bei diesem kleinen Verdienst kann er sich keine zweite Frau leisten. Kürzlich sagte Margret: «Ich hätte nichts gegen eine Mitfrau einzuwenden. Dann könnten wir die Arbeit teilen und wir hätten, da ich selber offenbar nicht mehr schwanger werden kann, wieder kleine Kinder zu Hause. Polygame Verhältnisse sind zwar nicht immer einfach. Mir wäre es aber lieber, als wenn mein Mann irgendwo eine Freundin hätte, der er von seinem mageren Verdienst Fleisch oder Fisch vom Markt brächte, und wir als Familie hätten nichts davon.»

Margrets Arbeit

Margrets Hauptbeschäftigung ist gleich wie die von allen Frauen im Dorf: Arbeit auf dem Feld, damit die ganze Familie genug zu essen hat. Einzig am wöchentlichen Markttag und am darauffolgenden Sonntag, wenn die Frauen nicht aufs Feld gehen dürfen, verkauft Margret selbstgebrautes Maisbier und ihre selbstgefertigten Körbchen. Vom kargen Erlös kauft sie Seife, Palmöl, Salz, Kerosin für die Lampe, Stoff, Medikamente, manchmal etwas Fisch, Knoblauch und andere kleine Dinge. Für all diese Sachen braucht es Bargeld. Zudem pflanzt Margret, wenn die Jahreszeit günstig ist, Zwiebeln und Erdnüsse an, die sie auf dem Wochenmarkt verkauft.

Traditionelle Bräuche, die Margret hinterfragt

Die Heirat des Sohnes muss Margret traditionell vorbereiten. Andere Bräuche hält sie nicht mehr ein: Frauen dürfen in Bamessing nicht mehr ins elterliche Gehöft zurückkehren, sobald sie nach der Heirat bei den Ehemännern leben und das erste Kind geboren haben. Das gilt auch für kurze Besuche. Dieser Brauch wird heute noch mehrheitlich befolgt. Einige Frauen halten sich aber nicht mehr daran, weil sie den Sinn nicht sehen. Auch Margret

Margret Mbekenyui beim Kochen von fufu

gehört zu diesen Frauen. Sie will aber niemanden vor den Kopf stossen. Ihre Schwiegermutter hat nämlich Angst, es könnte etwas Schlechtes geschehen, wenn neue Wege beschritten werden. Um sie nicht zu beunruhigen, sagt Margret nie ganz genau, wohin sie sich begibt, wenn sie ins Gehöft geht, wo ihr Vater beerdigt ist. Sie nennt nur das betreffende Quartier, da hat auch ihre Schwiegermutter keine Bedenken. Ihr Mann hingegen ist eingeweiht. Margret erklärt: «Es gibt bei uns viele Regeln, die wir einhalten müssen, ohne recht zu wissen warum. Zum Beispiel dürfen wir nicht einfach weinen, wenn wir traurig sind oder uns jemand verletzt hat. Wir dürfen nur weinen, wenn jemand gestorben ist, andere Gründe fürs Weinen gibt es nicht. Und dann ist erst noch festgelegt, wie lange wir bei einem Todesfall trauern dürfen. Diese Regelung ist nicht menschenfreundlich. Da ich solche Traditionen allein nicht ändern kann und schon gar nicht von heute auf morgen, versuche ich auf meine Art mit ihnen umzugehen. Kürzlich starb in unserem Quartier ein Mann, mit dem ich selber weder verwandt noch befreundet war. Trotzdem ging ich mit anderen zusammen zum Trauerhaus. Das ist gut so, denn er wohnt ja in unserem Quartier. Dort haben wir dann alle geweint, wie es so bei uns üblich ist. Auch ich habe bitterlich geweint, aber ehrlich, nicht um diesen Mann, sondern in Erinnerung an meinen schon längst verstorbenen Vater. Ich hatte eine gute Beziehung zu ihm. Er war sehr gut zu mir, seinem ältesten Kind, und wollte nie, dass ich geschlagen werde. Ich vermisse ihn noch immer sehr, besonders jetzt, da meine Brüder, fast alle sind Händler, Schwierigkeiten mit ihrem Auskommen haben. Wenn mein Vater noch lebte, würde er ihnen sagen, sie sollten einander aushelfen mit Geld oder Handelswaren. Mein Vater ist aber tot und auf mich als Frau hören sie nicht. Das macht mich sehr traurig. So hat es mir wohlgetan, dass ich mich ausweinen durfte, als dieser Mann starb.»

«Schön ist es», fährt Margret fort, «dass wir weinen dürfen, wenn jemand stirbt, und zwar so laut wir wollen. Das tut gut. Ich könnte es mir gar nicht anders vorstellen. Und immer ist in einem solchen Fall jemand da, der einen hält. Wir sind nicht allein. Und wenn die Zeit der Trauer vorbei ist, feiern wir die Totengedenkfeier. An diesem Fest geht es dann sehr fröhlich zu. Wir tanzen, essen und trinken und erinnern uns des Verstorbenen. Wir holen ihn so wieder aus dem Totenreich in die Familie zurück.»

Auch eine andere Tradition hält Margret nicht ein: Sie hat ihre Kopfhaare nicht abrasiert, obwohl der Schwager ihrer zukünftigen Schwiegertochter letzte Woche gestorben ist. Und ebenfalls letzte Woche starb die Tochter einer Kusine. In beiden Fällen, ob angeheiratet oder verwandt, hätte sie ihre Kopfhaare am dritten Tag abrasieren lassen müssen. Sie hat es nicht getan, weil beide Verstorbenen ihr nicht so nahestanden. Am Tag, als die Tochter der Kusine starb, war zudem Kirchenbezirkssynode. Margret ist dort zusammen mit einem anderen Mitglied ihrer Kirchgemeinde Abgeordnete. Nach Tradition hätte sie am Morgen, nachdem sie vom Tod dieses Mädchens gehört hatte, in das Gehöft der Verstorbenen gehen müssen. Margret: *«Drive i no de lef taxi wä i don full up.* (Der Fahrer verlässt ein volles Taxi nicht.) Ich bin schliesslich nicht das einzige Familienmitglied. Die anderen können auch ihren Teil übernehmen. Deshalb bin ich zuerst an die Synode gegangen und erst am späten Nachmittag ins Trauerhaus. Natürlich haben das nicht alle verstanden. Aber das ist eben so.»

Unterstützung durch die Frauengruppe

Sollte Margret eines Tages Witwe werden, möchte sie die Bamessing Tradition brechen, die sie, sobald der Tod ihres Mannes feststeht, vom Toten fernhalten würde. Margret möchte Zeit haben für den Abschied von ihrem Abraham, ihn vielleicht sogar selber waschen und für die Beerdigung herrichten. Margret weiss, dass die Durchsetzung ihres Wunsches nur dann möglich ist, wenn sie mehrere Frauen um sich hat, die ihr beistehen. Vielleicht werden sie sich sogar gegen andere Frauen durchsetzen müssen, weil oft Witwen selber dafür sorgen, dass sich nichts ändert, obwohl sie unter dem gleichen schweren Los gelitten haben.

Margret ist Vizepräsidentin der Presbyterianischen Quartierkirche Ntukwe in Bamessing. Hätte sie lesen und schreiben können, wäre sie Präsidentin geworden, so aber wurde ein Mann zum Präsidenten gewählt, der einige Jahre zur Schule gegangen war. Die Hauptarbeit in der Kirche wird aber von ihr geleistet. Margret ist auch Mitglied der kirchlichen Frauengruppe, was für sie sehr wichtig ist. Seit deren Gründung gehört sie zur örtlichen kirchlichen Frauengruppe und ist zudem Verbindungsglied zwischen der Frauengruppe und dem Kirchgemeinderat. Obwohl ihre Mutter und Brüder in der katholischen Kirche getauft wurden und auch weiterhin dorthin zur Kirche gehen, hat Margret sich – während der Zeit im Süden – für die Presbyterianische Kirche entschieden. Ihr gefiel es einfach besser in dieser Kirche. Auch ihre Kinder liess sie taufen. Später konnte sie sogar ihren Mann und seine Mutter zur Taufe bewegen. Auch Mispa, das Grosskind, geht selbstverständlich mit und feiert in zwei Jahren Konfirmation.

Margret als Respektsperson

Margret wird von Frauen und Männern gleichermassen respektiert, und zwar im ganzen Dorf. Fehlt Margret am Sonntag in der Kirche, am Mittwoch in der Frauengruppe, an einem Fest zur Feier eines Neugeborenen, an einer Totengedenkfeier oder auf dem örtlichen Markt, ist die Lücke spürbar. Ist sie dabei, sind die Gespräche intensiver, der Gottesdienst ist lebendiger, das Fest ganzheitlicher.

Esther Boe

12 Ich konnte nicht alle Schulden zurückzahlen.

Der Wahrsager findet heraus, weshalb Esthers Kinder nicht lebensfähig sind.

Esther Boe ist die Hauptleiterin des Kirchenchors. Sie singt gut und leitet den Chor mit Temperament. Esther ist immer modisch gekleidet und geschminkt, ob auf dem Markt, in der Kirche oder an einem Fest. Geboren wurde sie ungefähr 1955. Sie ist das älteste Kind ihrer Eltern, nach ihr kamen noch vier Schwestern und ein Bruder zur Welt. Esthers Vater arbeitete einige Jahre auf einer Gummibaum-Plantage in Tiko an der Küste. Ihre Mutter wollte ihm dorthin nicht folgen. So heiratete er in Bamessing eine zweite Frau, die mit ihm nach Tiko zog und vier Kinder gebar.

Esther und ihre vier Schwestern haben nie eine Schule besucht, im Gegensatz zu ihrem Bruder und ihren Halbgeschwistern. Zuerst sei der Vater nicht einverstanden gewesen, dass die Mädchen zur Schule gingen. Später, nachdem sich seine Einstellung dazu geändert hatte, habe sie selber nicht mehr gehen wollen, erklärt sie. *«Ashia fo me, time i don pass.»* (Heute bereue ich es, aber nun ist es zu spät.)

Von den Schwierigkeiten, lebensfähige Kinder zu gebären

Esther heiratete sehr jung. Innerhalb weniger Jahre war sie mehrmals schwanger, ohne dass ein Kind lebend zur Welt gekommen wäre. Zum Teil verlor sie die Kinder bereits in den ersten Monaten der Schwangerschaft, mehrmals erst kurz vor der Geburt. Dazu Esther: «Meine Familie hat nach all meinen Misserfolgen einen *ngambeman* aufgesucht, der die Ursache herausfinden sollte. Dieser hat durchblicken lassen, ich sei verhext, weil mein Vater schon seit längerer Zeit einem Verwandten Geld schulde.» Um von

Kinder sind die Altersvorsorge.

diesem Fluch befreit zu werden, hat Esther einen Teil der Schulden zurückbezahlt. Daraufhin wurde sie tatsächlich wieder schwanger und gebar einen Sohn, Alexander. Er überlebte und ist heute siebzehn Jahre alt. Weshalb hast du denn keine weiteren Kinder mehr gehabt? «Ich konnte eben nicht alle Schulden zurückzahlen.» Glaubst du denn an diese Verhexung? «Ja, manchmal glaube ich daran und manchmal nicht. Zurzeit tue ich es wieder.» Esthers Mann Lucas hatte vor Kurzem Elisabeth als dritte Frau geheiratet. Elisabeth wohnt noch nicht bei ihnen im Gehöft, weil Lucas bisher zu wenig Brautpreis bezahlt hat. Trotzdem gebar sie vor wenigen Tagen ein Mädchen.

War Esther mit dieser Heirat einverstanden? «Was hätte ich anderes tun können?» kam die resignierte Antwort, «wenn du nicht einverstanden bist, wirst du als schlechte Frau angesehen.» Doch – wenn Elisabeth die dritte Frau von Lucas war, wer war dann die zweite? – «Oh, weisst du das nicht? Das ist Anna. Sie war die Frau von Lucas verstorbenem Onkel.» Da Lucas nach dem Tod seines Vaters das neue Oberhaupt seiner Grossfamilie wurde, musste er auch die Verantwortung für die Witwe Anna übernehmen. Anna lebt aber weiterhin im Gehöft ihres verstorbenen Ehemannes. Lucas besucht sie von Zeit zu Zeit. Gemeinsame Kinder haben sie keine.

Esther und die Kirche

Seit zwei Jahren ist Esther Mitglied des Kirchenvorstandes der Quartierkirche. Vor Kurzem wurde sie zudem als Vollmitglied in die kirchliche Frauengruppe aufgenommen. Die Frauen hoffen, Esther etwas Halt und Hilfe bieten zu können, damit sie ihre schwierige Situation besser zu meistern vermag.

Jenet Njah

13 Ich musste Kinder haben.

Die Macht der Grossfamilie über Jenet Njah und Jenets Bestreben nach Unabhängigkeit.

Jenet Njah ist die erste Frau, die im 1983 gegründeten Töpfereiprojekt *Prespot* in Bamessing ihre Lehre als Töpferin absolviert hat. Sie wurde am 3. März 1960 in diesem Dorf geboren. Ihr Vater als wichtiger Würdenträger im traditionellen Gefüge hatte zwanzig Frauen, Jenets Mutter war die achtzehnte. Trotz mehreren Schwangerschaften überlebten nur zwei Mädchen, Jenet und ihre sieben Jahre ältere Schwester.

Der Vater starb, als Jenet noch klein war. Ein Halbbruder, der in der Stadt Bamenda wohnte, übernahm die Verantwortung für sie. Aus Angst, Jenet könnte auch sterben oder getötet werden (Missgunst und Hexerei waren beim Tod ihrer Geschwister im Gerede), brachte dieser Halbbruder sie, kaum war sie entwöhnt, in den Königspalast von Bafut. Dort blieb Jenet einige Jahre. 1967 kam sie nach Nkambe zu einem Freund ihres Halbbruders. Dieser Freund brauchte jemanden, der nach seinem kleinen Kind schaute. In Nkambe konnte Jenet die erste Primarklasse besuchen. Die Zeit in Nkambe war aber nur von kurzer Dauer. Ihr Halbbruder erlitt einen Unfall. Als Folge davon war er lange Zeit unfähig zu gehen. Er holte Jenet von Nkambe zu sich und seinen zwei Frauen nach Bamenda. An ihrem neuen Wohnort konnte Jenet die Primarschule beenden.

Tradition, Halbbruder und Grossfamilie verhindern eine Heirat

Nach der Primarschule absolvierte Jenet eine Zeitlang die Sekundarschule und lernte einen Mann kennen, den sie gerne geheiratet hätte. Ihr Halbbruder und mit ihm die ganze Grossfamilie waren gegen diese Heirat, ja grundsätzlich gegen jegliche Heirat. Die

Grossfamilie hatte nämlich vorgesehen, Jenet später als Hilfe für ihre alleinstehende Mutter zurück ins Dorf zu schicken. Und in diesen Plan passte eine Ehe ganz und gar nicht, denn Jenet wäre traditionsgemäss ins Gehöft ihres Ehemannes gezogen und hätte die Verantwortung für ihre Mutter nicht in dem Sinne wahrnehmen können, wie die Grossfamilie geplant hatte. Jenet wehrte sich gegen den Plan der Familie ohne Erfolg. Auch das Kind, das sie inzwischen erwartete, war kein Grund, den Willen der Grossfamilie zu brechen. Der Halbbruder sandte die Schwangere kurzerhand zu ihrer Mutter nach Bamessing zurück, wo sie 1976 ihr erstes Kind, Charles, gebar. Drei Jahre später kam vom gleichen Mann Julie dazu. Auch Jahre später wurde ihr ein neuer Mann verweigert, von dem sie ihr drittes Kind erwartete. Jenet: «Das hat nicht nur mit Tradition zu tun, sondern auch mit unserer eigenen Familiengeschichte. Mein Vater ist schon lange gestorben. Der von ihm bestimmte Nachfolger, ein Halbbruder von mir, starb bei einem Autounfall, bevor er als neues Familienoberhaupt eingesetzt werden konnte. Die Grossfamilie hat daraufhin ein anderes Familienoberhaupt gewählt. Dieses starb ebenfalls unter mysteriösen Umständen nur kurze Zeit nach seiner Ernennung. Seither streitet sich die Familie um das neue Familienoberhaupt. Die Totenfeier für den längst verstorbenen Vater, an der gleichzeitig der Nachfolger eingesetzt wird, ist deshalb noch ausstehend. So haben wir auch niemanden, der die Verantwortung für die noch lebenden Frauen unseres Vaters übernimmt. Meine Schwester ist verheiratet und lebt im Gehöft ihres Mannes. Ich bin die einzige, die für meine Mutter sorgen kann. Würde ich heiraten, müsste ich für die Schwiegermutter arbeiten und meine Mutter wäre allein. Das geht nicht. Ich muss aber selber Kinder haben, damit im Alter jemand für mich sorgt.»

Auch wenn eines Tages ein Familienoberhaupt bestimmt ist, darf Jenet nicht heiraten. Der Familienvorsteher wird nie die Möglichkeit haben, für alle Frauen des Vaters zu sorgen.

Die alleinerziehende Jenet mit ihren Kindern Charles, Julie und Primus

Die Töpferin Jenet Njah am Anfang ihrer Ausbildung

Jenet ergreift ihre Chance

1985 wurden für die neu gebaute Töpferei der Presbyterianischen Kirche Lehrlinge gesucht. Jenet bewarb sich und zusammen mit vier jungen Burschen wurde sie ausgewählt. Nach drei Jahren Lehrzeit waren ihre Töpferartikel so gut, dass sie verkauft werden konnten. Seither hat sie ein regelmässiges, wenn auch kleines Einkommen, das ihr hilft, sich und ihre Familie durchzubringen. Jenet ist auch Selbstversorgerin, was in den politisch und wirtschaftlich schwierigen Zeiten von lebenswichtiger Bedeutung ist. Was steuern denn die Väter zum Unterhalt ihrer Familie bei? Jenet: «Ich erhalte schon etwas, aber nur punktuell. Die Männer sind inzwischen verheiratet und haben eigene Kinder.»

Jenet gehört zu den Frauen, die ihr Geld einteilen können. Sie plant, kann sparen, gibt aber auch aus, wo sie es für nötig hält. Ihre Kinder sollen nicht immer spüren, dass sie arm ist. Sie sorgt gut für sie und ermöglicht jedem den Schulbesuch.

Der aufrechte Gang

Das durch die Arbeit in der Töpferei erworbene Bargeld verhilft Jenet zu mehr Selbstbewusstsein. Früher gab sie allen oft zu spüren, dass sie in ihrem Leben zu kurz gekommen war. Heute ist es anders. Sie weiss, dass es nicht einfach ist, sich durchzusetzen. Jenet verfolgt ihr Ziel aber mit Umsicht und Ausdauer. So hat sie es vor Kurzem auch geschafft, zusammen mit ihrer Mutter und ihren Kindern in ein eigenes kleines Haus umzuziehen, nachdem sie die von der Grossfamilie geforderte Ablösesumme akzeptiert hatte. «Eine Schikane als Preis dafür, dass wir nun unabhängig von der Familie leben. Eine Forderung, die nichts mit echter Tradition zu tun hat. Meiner Familie passt es einfach nicht, dass ich etwas weiter entfernt von ihrem Einflussbereich lebe», stellt Jenet fest.

Helen Beh

14

Die Kinder vergessen ihr Blut nicht.

Helen würde sogar die Kinder bei ihrem Mann zurücklassen, um die Kirche besuchen zu können – doch gewisse Dinge brauchen ihre Zeit. Zur Witwe geworden, bricht sie ein Tabu.

Helen Beh kam ungefähr 1948 als viertes von fünf Kindern zur Welt. Sie bedauert sehr, dass ausser ihrer älteren Schwester Lucy alle Geschwister bereits gestorben sind. Aber sie besitzt zahlreiche Halbgeschwister von anderen Frauen ihres Vaters. Helen konnte keine Schule besuchen. Dafür fehlten sowohl die Einsicht, dass der Schulbesuch auch für Mädchen wichtig ist, als auch genügend Geld, um das Schulgeld für alle Kinder zu bezahlen.

Wie Helen zu ihrem Mann Melango Jemah kam

Die Heirat wurde von Melangos Vater arrangiert. Dieser kam eines Tages ins elterliche Gehöft, sah Helen und fand sie geeignet als zweite Frau für seinen Sohn. Melango Jemah diente damals als Soldat an der Küste Kameruns. Seine erste Frau Mary wohnte mit den neun Kindern bei ihm. Melangos Vater liess nach seinem Brautbesuch seinen Sohn nach Bamessing heimkommen. Gemeinsam besuchten sie Helens Familie. Melangos Vater zeigte auf Helen und fragte seinen Sohn: «Willst du, Sohn, dass diese Frau für dich Wasser trägt?» *«Na so»* (Ja), gab Melango zur Antwort, *«Me I de gri»* (damit bin ich einverstanden). Das Paar zeugte acht Kinder: Patricia, Odilia, Celestin, Ciplen, Marcellus, Ephilus, Adeline und Onorine.

Helen und ihre Liebe zur Kirche

Seit gut einem Jahr besucht Helen regelmässig den Gottesdienst in der Presbyterianischen Kirche und seit Neuestem auch die wöchentlichen Treffen der Frauengruppe. Schmunzelnd erzählt sie, wie sie dazu gekommen ist, sich plötzlich so aktiv am kirchlichen Leben zu beteiligen: «Als Kind bin ich getauft worden, aber noch vor der Konfirmation habe ich geheiratet und mein Mann hat mir den Kirchenbesuch verboten. Beten musste ich heimlich. Von Zeit zu Zeit habe ich meinen Mann gefragt, ob ich nicht doch zur Kirche gehen könnte. Immer hat er verneint. Auch meine ältere Schwester Lucy ‹aus einem Bauch› *(wä i don come fo one bele)*, d. h. gleiche Mutter, die ein langjähriges Mitglied des Kirchgemeinderates ist, konnte ihn nicht umstimmen.» Helens Mutter, der sie einmal ihr Leid klagte, beruhigte sie und riet: «Sei ruhig, deine Zeit wird noch kommen. Gewisse Dinge brauchen eben ihre Zeit.»

Nach der Geburt von Onorine entschied sich Helen gegen weitere Kinder. Ihr letztes Kind wollte sie taufen und sich selber zur gleichen Zeit konfirmieren lassen. Als die Kirchgemeinde aufrief, sich für Taufe oder Konfirmation anzumelden und zum Unterricht zu kommen, fasste Helen Mut. Sie glaubte fest, dass Gott schon immer gewusst habe, dass sie ihn liebte, auch wenn sie nur zu Hause betete. Aber jetzt fand sie es an der Zeit, es auch in der Kirche zu tun. Wenn ihr Mann weiter auf der anderen Seite sein wollte, war das seine Sache! An einem Sonntagmorgen in der Frühe kochte sie das Essen für die Familie. Anschliessend wusch sie sich und zog ihre Sonntagskleider an. Als Helen ihrem Mann das Essen brachte, fragte er, wohin sie gehe. Sie antwortete: «Nun gehe ich in die Kirche. Wenn du nicht einverstanden bist, verlasse ich dich und lasse die Kinder bei dir. Die Kinder vergessen ihr Blut nicht. Eines Tages werden sie dich fragen, wo ihre Mutter ist. Dann wirst du ihnen Red und Antwort stehen müssen.» Das verschlug ihm die Sprache. Helen ging zur Kirche. Kurze Zeit später verkündete Helens ältester Sohn Celestin dem Vater, er gehe nun auch zur Kirche und an Weihnachten lasse er sich taufen. Helen meint nur: «Celestin spricht nicht viel, aber was er sagt, das tut er auch.» An Weihnachten wurde Helen konfirmiert und Celestin und Onorine wurden getauft. Ein Jahr später brachte Helen auch ihre anderen Kinder zur Taufe.

Witwe Helen Beh

Helen und Mary werden Witwen

Helens und Marys Mann, Melango Jemah, arbeitete nach der Entlassung aus dem Militär als Kaffeepflanzer in Bamessing. Für Kaffee wurde immer weniger bezahlt, was ihn bewog, mit dieser Arbeit aufzuhören. Melango Jemah war für seine Familie eine Belastung. Seit seiner Zeit als Soldat war er Alkoholiker. Diese Sucht war auch Ursache seines Unfalltodes. Eines Nachts stürzte er betrunken von einer Brücke ohne Geländer in einen grossen Bach und ertrank. Nach seinem Tod fiel auch die geringe Familienzulage weg, die ihm von der Regierung als ehemaligem Soldat zustand. Helen weiss noch nicht, ob ihre vier Kinder weiterhin zur Schule gehen können. Woher soll sie das Schulgeld nehmen?

Die Frauen der Frauengruppe geben Helen Halt.

Helens Bruch mit der Witwentradition

Zur Tradition in Bamessing gehört, dass Witwen nach dem Tod ihres Mannes alte, schmutzige Kleider zu tragen haben, und zwar bis zu einem von der Familie festgelegten Tag. Das kann einige Wochen bis Monate dauern. In der Trauerzeit nach Melangos Tod wurden Helen und ihre Mitfrau Mary an einem Sonntagmorgen in der Nähe ihres Gehöfts angetroffen. Ob sie nicht zum Gottesdienst kommen wollten? «Wir können doch nicht mit schmutzigen Kleidern in die Kirche kommen», lautete die Antwort. «Doch», wurden die beiden Frauen ermutigt, «Gott kennt eure Tradition und wird nicht schlecht von euch denken.» Helen kam dann sogar am Mittwoch zur wöchentlichen Zusammenkunft der Frauengruppe, weil sie mitten in der Probezeit zur Aufnahme als Vollmitglied steckte. «Wisst ihr», erklärte sie mit Nachdruck, «endlich will ich auch dazugehören. Ich habe viel verpasst, jetzt will ich es nachholen.»

Helen will auch zur kirchlichen Frauengruppe gehören.

Hortensia Wula

15

Den Heiratsantrag des Häuptlings nahm ich sofort an.

Schon früh hat der Häuptling ein Auge auf seine 18. Ehefrau geworfen. Er erlaubt ihr nach der Heirat, weiterhin zur Schule zu gehen, sich weiterzubilden und selbstständig Geschäfte zu betreiben.

Hortensia Wula kam am 18. Februar 1969 in Kedjom Keku zur Welt. Ihr Vater, ein Ackerbauer, hatte zwei Frauen. Die erste gebar zwei, die zweite, Hortensias Mutter, sieben Kinder. Hortensia konnte die Primarschule besuchen.

Die Heirat mit dem Häuptling

«Am Ende der fünften Primarschulklasse», so erzählt Hortensia, «verbrachte ich die langen Schulferien bei einer meiner älteren Schwestern. Ihr Haus liegt etwas ausserhalb des Dorfes. Eines Tages schickten meine Eltern eine Mitteilung, ich solle heimkommen. Zu Hause hörte ich, dass der Häuptling jemanden aus dem Palast zu meinen Eltern geschickt hatte mit der Anfrage, ob ich den Häuptling heiraten wolle. Wie ich später vom Häuptling selber erfahren habe, hatte er, wie es bei uns Brauch ist, einen Königsmacher mit dieser Aufgabe betraut. Den Heiratsantrag nahm ich sofort an. Ich wollte sowieso heiraten, wen, das spielte eigentlich keine so grosse Rolle. Nun wurde ich eben Häuptlingsfrau und kam in den Palast.» Und dann fügt sie hinzu, dass der Häuptling schon früher, als sie noch ein kleines Mädchen war, ihr jedes Mal, wenn er sie auf der Strasse gesehen hatte, zum Teil scherzhaft, zum Teil ernst gesagt hatte, dass er sie eines Tages heiraten wolle. «Damals habe ich immer darüber gelacht. Der Häuptling hat es aber wahr gemacht», lacht sie noch heute. Hat der Häuptling auch einen Brautpreis bezahlt? «Ja», beantwortet Hortensia die Frage, «wie viel es war, weiss ich nicht, es interessiert mich auch nicht.»

Als Hortensia daraufhin als 18. Häuptlingsfrau in den Palast zog, wurde sie einer älteren Häuptlingsfrau zur Seite gegeben, damit sie die Sitten und Bräuche im Palast sowie die Aufgaben einer Häuptlingsfrau kennenlerne. Die 18. Frau ist sie im Blick auf die Zahl der häuptlingseigenen Frauen, daneben gibt es eine ganze Zahl von Häuptlingsfrauen, die bereits mit dem Vater des jetzigen Häuptlings verheiratet gewesen waren und von ihm übernommen worden sind. Wie viele das sind, will niemand sagen. Auch die Zahl 18 ist nur mit Vorsicht zu geniessen, denn einige Frauen haben nach ihrer Verheiratung den Palast verlassen und sind nicht mehr zurückgekommen, andere leben getrennt, werden noch gezählt, wieder andere werden nicht mehr gezählt. Die Zahl variiert. Die Anzahl Kinder, für die der Häuptling verantwortlich ist, ist ebenfalls schwierig festzulegen. Zwar führt Häuptling Vugah II ein Verzeichnis, in das er nach der Geburt die Namen und das Geburtsdatum einträgt, aber dann sterben einige Kinder, einige leben auswärts bei der Familie der Mutter und wieder andere kommen dazu, weil sie Kinder von Geschwistern des Häuptlings sind und dann, wenn sie im Palast sind, ebenso zu seinem Verantwortungsbereich gehören.

Ausbildung und Arbeit

Hortensia konnte trotz ihrer Verheiratung die Primarschule in Kedjom Keku beenden und anschliessend die erste Klasse der Sekundarschule in Bambui besuchen. Da Bambui 16 Kilometer von Kedjom Keku entfernt liegt, war es für Hortensia unmöglich, jeden Tag heimzukehren. Der Häuptling besitzt ein Haus in Bambui, wo immer einige Häuptlingsfrauen und -kinder leben. Auch Hortensia quartierte sich dort ein, bis sie eines Tages entschied, mit der Schule aufzuhören und mit Arbeiten zu beginnen. Der Häuptling besitzt eine Off-Licence (Bar), die sich direkt vor dem Häuptlingsgehöft in Kedjom Keku befindet. Und weil er jemanden brauchte, der seine Bar betreibt, entschied sich Hortensia ins Dorf zurückzukehren und diese Arbeit zu übernehmen.

Hortensia Wula mit dem Kauriarmband am linken Arm, dem Kennzeichen einer Häuptlingsfrau

Hortensia Wula ist Mitglied im englischen Kirchenchor.

Tagsüber lernte sie nun bei einem Mann im Dorf Schreibmaschine schreiben und abends verkaufte sie in der Bar Bier und Mineralwasser. Später, als sie gut genug schreiben konnte, eröffnete sie ein Schreibbüro. Wer einen Brief geschrieben oder vervielfältigt haben will, der kann zu ihr kommen. Bar, Schreibbüro und auch ein Laden, in dem Medikamente verkauft werden, sind im selben Schuppen. Alle Geschäfte werden von Häuptlingsfrauen geführt.

Hortensia ist eine selbstbewusste Frau, die mit beiden Beinen im Leben steht und weiss, was sie will. Sie ist sich auch der Würde einer Häuptlingsfrau bewusst. Stolz weist sie auf das Kauri-Armband hin, das sie um das linke Handgelenk trägt.

Ein Jahr nach ihrer Rückkehr nach Kedjom Keku gebar Hortensia ihr erstes Kind, einen Sohn namens Roger. Vor gut einem Jahr kam ihre Tochter Gisel zur Welt. «Die Namen unserer Kinder, Knaben und Mädchen, bestimmt der Häuptling», hält Hortensia fest. Zur Zeit der Geburt ihres ersten Kindes erhielt Hortensia ihr eigenes einräumiges Haus, in dem sie seither mit ihren Kindern wohnt, kocht und auch schläft.

Hortensia singt mit einigen anderen Frauen des Häuptlings im englischen Chor der Presbyterianischen Kirche. Obwohl Hortensias Eltern Baptisten sind und die zweite Frau ihres Vaters Katholikin ist, war es für Hortensia klar, dass sie, wie alle Frauen und Kinder des Palastes, nach ihrer Heirat Mitglied der Presbyterianischen Kirche werden würde. «Es bestand für mich kein Zwang zu diesem Schritt. Ich wollte meinem Mann und meiner neuen Familie folgen. Das war alles», stellt sie klar.

Eine Häuptlingsfrau stampft colocasia *(Wurzelknollen).*

16 Der Häuptling lässt die Frau rufen.

Wie eine grosse Anzahl von Ehefrauen das Leben mit dem Häuptling erleichtern kann.

Mary Grejung ist die zweite Frau des Häuptlings Vugah II von Kedjom Keku. Mary wurde 1959 als zweites Kind der Eltern geboren. Ihre Mutter hatte fünf Söhne und sechs Töchter zur Welt gebracht und ist die einzige Frau ihres Mannes. Mary meint dazu: «Mein Vater wollte keine weitere Frau heiraten.»

Mary besuchte alle sieben Jahre der Primarschule. Dann heiratete sie einen Prinzen aus dem Palast. Sie war damals ungefähr 16 Jahre alt. Mary erzählt, dass ihr Mann CFA 150'000 (CHF 750/ € 460) als Brautpreis bezahlt hatte. Ein Jahr nach ihrer Heirat gebar sie ihr erstes Kind, ein Mädchen. «Damals», so erzählt sie, «lebte ich, obwohl bereits verheiratet, immer noch im Gehöft meiner Eltern. Mein Mann wollte das so.» Weshalb? Weil Mary noch zu jung sei, um in den Palast zu kommen, lautete seine Antwort auf die entsprechende Frage. Der Prinz wohnte im Palast, wenn er nicht wegen seiner Arbeit auswärts weilte. Einige seiner späteren Frauen sind allerdings in jüngerem Alter in den Palast gekommen, da war er aber bereits Häuptling. Als er Mary geheiratet hatte, war er bloss ein Prinz unter vielen.

Plötzlich eine Häuptlingsfrau

Drei Jahre nach der Heirat wurde Marys Mann nach dem Ableben seines Vaters zum Häuptling ernannt. Einen Monat nach der Inthronisierung zog Mary in den Palast. Sie erinnert sich: «Ich, ja wir alle, hatten keine Ahnung, welcher der Söhne eines Tages Nachfolger werden würde. Das ist immer so. Ich wusste zwar, dass ich einen Prinzen geheiratet hatte, aber ich dachte nie daran, dass ich eines Tages eine Häuptlingsfrau werden würde. Dazu gibt es zu viele Prinzen. Und als es dann plötzlich so war, hatte ich zuerst Angst. Mein Mann war auf einmal ein wichtiger Mann und stand im Mittelpunkt unseres Dorflebens und damit auch ich. Von einem Tag auf den anderen veränderte sich mein Leben, besonders, als ich in den Palast zog.»

Mary hat bis heute fünf Kindern das Leben geschenkt. Die grösseren gehen zur Schule, die zwei jüngeren sind noch zu Hause. Ihr Mann, der Häuptling, bezahlt für alle seine Kinder das Schulgeld. Obwohl das eine grosse finanzielle Belastung für ihn ist, vermutlich sind es gut 100 Kinder, ist ihm die Bildung wichtig. Beim Kauf der Schuluniformen hilft der Häuptling denjenigen Frauen, die über wenig Bargeld verfügen. Die anderen Frauen kaufen die Uniformen für ihre Kinder selber. Dasselbe gilt auch beim Kauf des traditionellen Weihnachtsstoffes. Wenn der Häuptling Geld hat, kauft er ihn für alle ein, sonst nur für diejenigen, die kaum Einkommen haben. Mary selber hat gelernt, Kleider zu nähen. Sie tut dies nun für sich

Kinder aus dem Häuptlingspalast

und ihre Kinder, aber auch für andere Frauen im Palast. Damit verdient sie ihr Geld.

Viele Frauen und ein Mann

Mary lebt bereits seit zehn Jahren im Palast. Somit gehört sie zu den erfahreneren Häuptlingsfrauen. Auf die Frage, wie das denn sei, wenn der Häuptling wieder eine neue Frau heiratet, antworten Mary und die anderen anwesenden Mitfrauen: «Oh, das haben wir sehr gerne, denn dann ist wieder eine Frau mehr da, die bei der vielen Arbeit hilft, sei es hier im Palast oder bei der Feldarbeit.» Und was passiert, wenn es Streit gibt unter den Frauen? Die Frauen lachen: «Eigentlich streiten wir nicht, wir haben auch keinen Grund dazu. Falls eine Frau aber wirklich Probleme mit den anderen Frauen hat, geht sie damit zum Häuptling.»

Das Leben im Palast und unter den Frauen ist genau geregelt. Jede Frau, die eine eigene Küche besitzt, kocht selber. Da es aber

Gemeinsame Feldarbeit der Häuptlingsfrauen

keine festgelegten Essenszeiten gibt, kommt es oft vor, dass eine Frau bei einer anderen Frau am Feuer sitzt, wenn diese kocht, und dann, wenn das Essen fertig ist, auch gerade mitisst. So ist es auch für die Kinder im Palast. Wer Hunger hat, geht dorthin, wo gerade gekocht wird. Und wer kocht für den Häuptling? Mary: «Unser Häuptling hat eine unserer Mitfrauen, Serafine, mit dieser Aufgabe betraut. Früher haben wir abwechselnd für ihn gekocht. Aber seit einiger Zeit ist das ihre Aufgabe. Natürlich helfen wir mit, wenn es zu viel Arbeit gibt, zum Beispiel wenn der Häuptling Gäste hat und deshalb viel Essen gekocht werden muss.» Und wer entscheidet, wer die Nacht beim Häuptling verbringt? Die Frauen: *«Na chief i de coll i.»* (Der Häuptling lässt die Frau rufen.) Darf sie auch ablehnen? Die Frauen lachen: «Natürlich, dann ruft er eben eine andere.» Aus anderen polygamen Ehen ist bekannt, dass die Frauen ihre Ablehnung damit begründen, sie hätten ihre Menstruation. In diesem Fall ist eine Frau für den Mann tabu. Diese Begründung trifft nicht immer zu, manchmal wollen die Frauen auch nicht zum Häuptling gehen, weil sie in diesen Tagen schwanger werden könnten. Und je nach ihrer eigenen Familienplanung behelfen sie sich mit einer Ausrede. Den wahren Grund wird der Häuptling nie erfahren.

Häuptling Vugah II mit einer seiner Frauen

Kah Mamfon *von Bali-Nyonga*

17 Wie würdest du dich fühlen, wenn dein Sohn König würde?

Die Wahl des Sohnes zum König versetzt seine Mutter in Ängste.

Die heutige ***Kah Mamfon*** in Bali-Nyonga kam als **Christina Lima** ungefähr 1924 oder 1925 zur Welt. Zu dieser Angabe sagt sie sogleich: «Eines Tages will ich wissen, wann ich genau geboren worden bin. Ich werde meinen Bruder fragen. Er war in verschiedenen Ländern Botschafter für Kamerun und deshalb ein einflussreicher Mann. Er kann das bestimmt für mich herausfinden. In irgendeinem Taufregister wird das sicher stehen. Private Papiere von damals haben wir nämlich keine mehr. Unser Gehöft brannte zweimal nieder und damit verbrannten auch alle Dokumente.»

Kah Mamfons Kindheit

Kah Mamfon erzählt: «Mein Vater war Lehrer. Er legte grossen Wert auf Bildung, auch für uns Mädchen. So durfte ich schon sehr früh die Schule besuchen, die erste und zweite Klasse hier in Bali-Nyonga, die dritte, vierte und fünfte Klasse im Ndop, wo mein Vater damals Schulvorsteher gewesen war. In die sechste Klasse ging ich in Bafut, und zwar in die damalige Mädchenschule der Basler Mission. Dort begegnete ich drei europäischen Frauen, die zum Teil unsere Lehrerinnen waren. Ich erinnere mich nur noch daran, wie wir sie nannten, nicht aber an ihre vollen Namen. Da waren *Na teacher, Na doctor* und *Na* Elisabeth. Das muss so ungefähr zwischen 1935 und 1939 gewesen sein.

Eine weiterführende Schule (7. und 8. Klasse) gab es damals nur in Bamenda. Meine Familie hatte dort aber keine Verwandten oder gute Freunde, bei denen ich hätte wohnen können. So wollte mich mein Vater nicht alleine in die Stadt schicken. Er entschied, dass ich zu ihm ins Ndop zurückkommen sollte. Im Ndop traf ich meinen späteren Ehemann, Vincent Samdala, einen Prinzen aus dem Königshaus von Bali-Nyonga. Er arbeitete in der Dispensary (dörflicher Gesundheitsposten) im Ndop.» Wie kam es zur Heirat? «Wir haben selber beschlossen zu heiraten», verrät *Kah Mamfon* stolz. «Mein zukünftiger Mann fragte daraufhin meinen Vater um Erlaubnis und dieser war einverstanden. Dann aber, es war 1940, starb König Fonyonga II von Bali-Nyonga. Mein Mann musste in unser Dorf zurück. Dort wurde er zum Nachfolger ernannt. Er hiess nun Fon Galega II. Kurze Zeit nach der Krönung heirateten wir im September 1940. Ich wurde seine fünfte Frau, die erste nach seiner Inthronisierung. Im Ganzen waren wir dann bis zum Tod des Königs etwas über dreissig Ehefrauen.

Na Kegah, die Vertraute des Königs

Der König gab Christina den Namen *Na* Kegah. Kegah ist ein Name aus der Mubako Sprache. Kegah heisst *‹we don take em›* oder in unserem Sinn ‹Wir nehmen dich an›. Christina wurde von da an *Na* Kegah genannt. Sie wurde sehr bekannt und überaus geschätzt und geachtet. Obwohl sie erst die fünfte Frau ihres Mannes war, war sie doch seine wichtigste. Sie war die engste Vertraute ihres Mannes. Sie sagt: «Ich habe meinen Mann sehr geliebt und ich war durch und durch Königsfrau.» Seit einer ihrer Söhne, Dohsang George Bikai, nach dem Tod seines Vaters 1985 als Ganyonga III zum König ausgerufen wurde, bekam *Na* Kegah den Titel *Kah Mamfon,* was soviel bedeutet wie Königsmutter.

Kah Mamfon, Königsmutter

Kah Mamfon hat zehn Kinder geboren, heute leben noch deren neun. Wie war es damals zu hören, dass der Sohn der neue König sein wird? Was gab es für Gefühle? Angst, Stolz? Die Gegenfrage kommt sofort: «Wie würdest du dich fühlen, wenn dein Sohn König würde? Nein, stolz war ich nicht, ich hatte nur Angst. Ich habe geweint, geschrien, die Frauen mussten mich halten. Diese Aufgabe, diese Verantwortung! Wird mein Sohn dem gewachsen sein?» Diese Angst lässt sich damit erklären, dass es oftmals einen Machtkampf

Seine Königliche Majestät Dr. D. Ganyonga III von Bali-Nyonga

gibt um die Nachfolge eines Königs, und zwar unter den Prinzen und ihren Gefolgschaften. Meistens werden Vermutungen angestellt, welchen Sohn der Throninhaber wohl als seinen Nachfolger ausgewählt hat. Und nicht selten kommt es zur Vergiftung des vermuteten Kandidaten vonseiten der Rivalen. Der heutige König, Ganyonga III, *Kah Mamfons* Sohn, war deshalb bis zu seiner Krönung an unbekannten Wohnorten versteckt, u.a. in Deutschland, meistens unter der Obhut des Onkels, der als Botschafter in verschiedenen Ländern gearbeitet hatte.

Hat *Kah Mamfon* nun nicht einen ihrer Söhne an das Volk verloren? «Ja, das stimmt auf eine gewisse Art. Er ist jetzt so sehr beschäftigt mit seiner Aufgabe und so viel unterwegs, dass ich ihn weniger sehe als früher, als er noch in Deutschland gelebt hatte und nur zu Besuch hierher gekommen ist. Aber das ist nun eben so. Wenn ich ihn aber sehen will, hat er immer Zeit für mich», lobt *Kah Mamfon*. «Er ist ein guter Sohn.»

Kah Mamfon *mit einigen Familienangehörigen*

Kah Mamfon wohnt, wenn auch nicht weit entfernt, so doch nicht mehr in der Palastanlage. Weshalb? «Ich war eine der ersten Frauen des vorigen Königs, die nach seinem ‹Verschwinden› (Tod) aus dem Palast ausgezogen sind. Das ist bei uns so Tradition. Die Königsmutter zieht aus dem Palast weg in ein eigenes Gehöft. Seither lebe ich hier zusammen mit einigen meiner Kinder, Grosskinder und anderen Verwandten.»

Bargeld verdient *Kah Mamfon* unter anderem mit den Produkten ihrer Felder. Die Mitglieder der Familie, die in ihrem Haus wohnen, pflanzen Mais, Erdnüsschen, Bohnen und anderes mehr an und verkaufen, was sie nicht selber zum Leben brauchen.

Christen über Generationen

Während des Gottesdienstes sitzt *Kah Mamfon* auf einem speziell für sie hingestellten Stuhl zwischen der Kanzel und den Bänken der Frauengruppe. Sie erklärt: «Ich wurde in eine christliche Familie hineingeboren. Wir waren und sind alle Mitglieder der Presbyterianischen Kirche. Früher als Frau des Königs ging ich zusammen mit meinen Mitfrauen, die ebenfalls Presbyterianerinnen sind, in die Kirche in Ntanfoang. Wir hatten eine eigene Sitzbank ganz vorne in der Kirche. Heute besuche ich regelmässig den Gottesdienst in der Ntaiton Kirche, weil ich nun in diesem Quartier wohne. Einer speziellen Gruppe wie dem Kirchenchor oder der Frauengruppe gehörte ich nie an. Ich wollte und will für alle da sein. Jahrelang war ich Kirchgemeinderätin in der Kirchgemeinde Ntanfoang, und zwar als Vertreterin des Palastes.»

Korbflechterinnen in Njah-Etu

«Gemeinsam sind wir stark.»

Wie Korbflechterinnen einem betrügerischen Mittelsmann die Stirn bieten und alle unabhängig von ihren Ehemännern gleich behandeln.

Das Handwerkerzentrum *Prescraft* bezieht aus den Dörfern des Graslandes Körbe und andere kunsthandwerkliche Gegenstände für den Verkauf in seinen Läden in Bamenda, Bali-Nyonga und Limbe, aber auch für den Export nach Europa und Nordamerika. Die Korbflechterei hat in Kamerun Tradition. Die Körbe sind in Form, Grösse und Farbe von Dorf zu Dorf verschieden. Sie tragen jeweils den Namen ihres Herkunftsortes. Zu den schönsten gehören jene aus Njah-Etu. Entsprechend guten Absatz finden sie sowohl auf dem örtlichen Markt als auch in den *Prescraft*-Läden. Für die Frauen des Dorfes, die hauptsächlich auf den Feldern arbeiten, bedeutet der Verkauf der Körbe eine wichtige Einnahmequelle. Er verschafft das nötige Bargeld, um Seife, Palmöl, Schulbücher, Kleider und Medikamente zu kaufen.

Lange Zeit hat *Prescraft* die Körbe direkt von den einzelnen Frauen im Dorf gekauft. Der beschwerliche Weg ins abgelegene, sowohl in der Regen- wie auch in der Trockenzeit nur mühsam zu erreichende Dorf Njah-Etu liess die Einkäufer deshalb nach anderen Möglichkeiten Umschau halten, zumal die Fahrten dorthin noch mit dem Risiko belastet waren, dass oft nur wenige Körbe zur Verfügung standen. Als Lösung des Problems bot sich Godfred, ein Ehemann mehrerer Korbflechterinnen, an. Er werde die Körbe bei den Frauen einsammeln und nach Bamenda, dem Hauptsitz von *Prescraft,* bringen. Das erwies sich als eine grosse Erleichterung, konnte er doch die Körbe einsammeln und bei sich zu Hause lagern, bis er genügend beisammen hatte. Als Lohn bezahlte ihm *Prescraft* den Transport per Buschtaxi nach Bamenda und einen Prozentsatz des Umsatzes. Bei jedem Besuch in Bamenda erhielt er zudem das Geld für die Korbflechterinnen sowie eine neue Bestellung.

Das Abkommen klappte eine Zeitlang recht gut. Dann aber brachte Godfred immer weniger Körbe nach Bamenda. Schliesslich blieben die Lieferungen aus Njah-Etu aus. Daraufhin ergriffen zwei Einkäufer von *Prescraft* die Initiative, den Ursachen nachzuspüren. Als die beiden Männer im Dorf eintrafen, war gerade Markttag. Auf dem Markt boten die Korbflechterinnen aus Njah-Etu ihre Körbe zum Verkauf an. Ob sie kein Interesse mehr hätten, *Prescraft* zu beliefern, wurden sie gefragt. Das würden sie weiterhin gerne tun, antworteten die Frauen, allerdings nur unter der Bedingung, dass sie nicht mehr über Godfred liefern müssten. Dieser nämlich, so kommt nun aus, habe Aufträge nur noch an Frauen vergeben, die bereit waren, ihm dafür eine Belohnung zu zahlen. Überdies habe er den Frauen noch einmal den Transportpreis verrechnet und einen Teil des Preises für die abgelieferten Körbe abgezogen.

Selbsthilfe der Frauen

Die Korbflechterinnen trafen noch am gleichen Tag mit den *Prescraft*-Mitarbeitern die Vereinbarung, künftig das Verteilen der Bestellungen und das Einsammeln der Körbe selber an die Hand zu nehmen. Sie verpflichteten sich, auf einen bestimmten Tag hin eine festgelegte Anzahl Körbe fertigzustellen, damit sich die Fahrt nach Njah-Etu für *Prescraft* auch wirklich lohne. Eveline Amundam wurde von den Frauen einstimmig als Kontaktperson und Organisatorin bestimmt. Eveline ist zwar keine Korbflechterin, aber selbstbewusst genug, dass ihr diese Aufgabe nach Einschätzung der Frauen zugemutet werden konnte. Das ganze Unterfangen werde nicht leicht sein, warnten die *Prescraft*-Mitarbeiter die Frauen, Mister Godfred werde mit Bestimmtheit versuchen, sie gegeneinander aufzuwiegeln. Die Frauen waren sich dessen bewusst, wollten es aber trotzdem versuchen.

Einige Wochen später. Am festgelegten Tag fuhren die zwei *Prescraft*-Mitarbeiter in Njah-Etu vor. Eveline Amundam, ein Heft in den Händen, in dem die Namen der 63 Korbflechterinnen und die ihnen zugeteilten Aufträge notiert waren, nahm die beiden Männer in Empfang. Von allen Seiten strömten bald auch die Frauen mit ihren Körben herbei. Einige hatten mehr geflochten, als ihnen aufgetragen worden war, andere weniger. Zuerst wurde die Qualität der Ware kontrolliert, dann gezählt. Zufrieden stellten die *Prescraft*-Mitarbeiter fest, dass sogar etwas mehr Körbe zusammengekommen waren als bestellt. Bezahlt wurde an Ort und Stelle. Auch Eveline Amundam wurde für ihre Arbeit entschädigt. Für die Frauen war die Genugtuung sehr gross, denn Mister Godfred hatte tatsächlich versucht, die Frauen zu entzweien. Er habe auch davor gewarnt, seine eigenen Frauen zu benachteiligen. Eveline Amundam hatte mit Zustimmung der Frauen entschieden, alle Korbflechterinnen gleich zu behandeln, unabhängig von ihren Ehemännern. Und das wurde denn auch in die Tat umgesetzt. Seither laufen die Bestellungen von *Prescraft* für die begehrten Korbwaren aus Njah-Etu regelmässig über Eveline Amundam und es klappt zur Befriedigung aller Beteiligten gut.

«Gemeinsam sind wir stark»

Sitten und Bräuche in Bamessing

Heirat und Ehe
- Ratschläge an das Mädchen
- Brautpreis
- Heiratszeremonien
  - Tradition A
  - Tradition B

Die Frau in ihrem Eheleben
- Pflichten der Ehefrau
- Polygamie
- ‹Schau nicht zurück›
- Ehestreit
- Scheidung

Verpflichtung, Kinder zu gebären, ohne heiraten zu dürfen
- Mary
- Jenet
- Regina
- Susanna

Geburt
- Rituale nach der Geburt eines Kindes
- Namensgebung
- Pflichten der Grossmutter (Mutter der Wöchnerin)
- Nabel-Ritual
- Vergraben der Plazenta
- Gibt es unterschiedliche Reaktionen auf die Geburt eines Jungen oder eines Mädchens?

Tod

Traditionelles Hochzeitspaar

Sitten und Bräuche in Bamessing

In der Frauengruppe unserer Kirchgemeinde haben wir uns zweimal mit dem Thema ‹Traditionelle Sitten und Bräuche› befasst. Beim ersten Mal haben wir nur die frauenspezifischen Sitten und Bräuche aufgeschrieben. Das zweite Mal fragten wir uns, welche für uns Frauen gut und welche schlecht sind. Ich wurde beauftragt, einen Bericht zuhanden der Zentralstelle der Christlichen Frauengemeinschaft CWF zu verfassen.

Unsere Fachfrau, Christiana Sanyi, die als WWH (Women's Work Helper) für alle presbyterianischen Frauengruppen im Kirchenbezirk Ndop zuständig ist, leitete die zweite Zusammenkunft. In ihrer Einführung sagte sie Folgendes: «Jede Volksgruppe hat ihre eigenen Sitten und Bräuche. Wir Kamerunerinnen und Kameruner sind seit jeher besonders reich an Sitten und Bräuchen, von denen einige gut sind für uns Frauen, andere aber schlecht. Seit wir Jesus Christus als unseren Befreier kennen, haben wir den Mut, die Bräuche, die uns hindern, zu ignorieren.»

In der anschliessenden Diskussion fingen wir beim Thema Heirat und den entsprechenden Ritualien an, bevor wir die Traditionen rund um eine Geburt besprachen.

Heirat und Ehe

Wenn ein Junge das Erwachsenenalter erreicht hat, sitzen seine Eltern gemäss Tradition zusammen und planen seine Heirat zusammen mit den Eltern des von ihnen ausgesuchten Mädchens. Es war Brauch, dass das Mädchen die getroffene Entscheidung ohne Wenn und Aber annahm. Heute aber sind die Mädchen kritischer und können den Mann sogar abweisen, den ihre Eltern für sie bestimmt haben.

Es kommt nicht selten vor, dass ein Vater dringend Geld braucht. In diesem Fall sucht er einen Mann, der bereit ist, seine Tochter zu heiraten und sogleich eine beachtliche Anzahlung an den Brautpreis leisten kann.

Heutzutage entscheiden sich oft junge Leute zu heiraten, ohne sich vorher mit den Eltern abgesprochen zu haben. Möglichkeiten, sich zu treffen, gibt es mehr als früher (College, Stadt, Disco). Wenn sich zwei einig sind, teilen sie die Wahl ihren Eltern mit. Manchmal ist das Mädchen bereits schwanger. Im besten Fall gehen die beiden Elternpaare auf eine Verhandlung über die Bedingungen einer Heirat ein.

Ratschläge an das Mädchen

Das Wichtigste ist, dass die Mutter die junge Frau über ihr zukünftiges Eheleben informiert und aufklärt:

- Wie sie sich im Haus ihres Ehemannes benehmen soll.
- Wie sie für ihren Ehemann zu sorgen hat.
- Dass sie auf den Ehemann hören soll; falls sie nicht ein verstanden ist mit ihm, soll sie es ihm sagen.
- Dass sie ihre Schwiegermutter achten soll, denn diese hat ihren Ehemann geboren.
- Dass sie die Brüder und Schwestern ihres Ehemannes ebenso gern haben soll wie ihre eigenen Geschwister.

(Die Ratschläge des Vaters an seinen Sohn waren in unserer Frauengruppe kein Thema.)

Brautpreis

Traditionsgemäss setzen die beiden Väter gemeinsam die Höhe des Brautpreises fest. Der Vater des Jungen ist dafür verantwortlich, das Geld, das meistens von der Grossfamilie zusammengelegt wird, dem Vater des Mädchens zu bezahlen. Heutzutage ist es auch so, dass der junge Mann für den Brautpreis aufkommt, sofern er eine Anstellung hat, oder dass seine Mutter es auf irgendeine Art erarbeitet. Aber in jedem Fall übergibt der Vater des Jungen das Geld, sodass sichtbar wird, dass er den Brautpreis bezahlt, auch wenn er keinen Franc beigetragen hat.

Normalerweise hat die Mutter des Jungen kein Recht, ihre Meinung zur Höhe des Brautpreises zu äussern. Die Frauen von heute sind jedoch der Meinung, dass sie bei solchen Entscheidungen mitreden sollten.

In Bamessing bewegt sich der Brautpreis zwischen CFA 200'000 und 300'000 (CHF 1000 bis 1500/€ 600 bis 900) in bar für ein Mädchen ohne schulische Bildung oder nur mit Primarschulbildung. Für ein Mädchen mit abgeschlossener fünfjähriger Sekundarschulbildung kann der Brautpreis auf das Doppelte ansteigen.

Der Nachteil eines so hohen Brautpreises ist, dass er fast nicht aufgebracht werden kann, ohne sich zu verschulden. Es geht nicht nur um den Betrag, der in bar bezahlt werden muss. Hinzu kommen Palmöl für die Mutter des Mädchens, Geld für ihren Grossvater und für ihre Brüder und Schwestern. Heutzutage auch Flaschenbier, falls der junge Mann mit Mitgliedern der Grossfamilie des Mädchens in einem Trinkhaus zusammentrifft usw. Aus all diesen Gründen wollen oder können viele junge Männer nicht heiraten. In Bamessing gibt es eine ganze Anzahl verheirateter Frauen, die im väterlichen Gehöft leben, weil ihre Ehemänner den ganzen Brautpreis für sie noch nicht bezahlt haben. Dies gilt auch bei bereits vorhandenen Kindern. Solange diese Kinder bei der Mutter leben, also nicht im Gehöft ihres Vaters, sind sie rechtlos, d.h. solche Kinder können zum Beispiel nicht Familienoberhäupter werden, weder in der Familie der Mutter noch in der ihres Vaters.

Den ganzen Brautpreis bezahlen heisst nicht, den festgelegten Betrag bis auf den letzten Franc innerhalb kürzester Zeit zu vergüten. Im Gegenteil, es ist üblich und höflich, den Betrag in Raten zu erstatten, dies aber rechtzeitig, d.h. wie zu Beginn vereinbart. Die Zeitspanne für die Bezahlung des Brautpreises mag sich über Jahre erstrecken, sogar Jahrzehnte. Auf diese Art und Weise gehört die verheiratete Frau bis zu einem gewissen Grad noch immer ihrer Familie. Den ganzen Betrag auf einmal zu bezahlen würde bedeuten, dass die Familie ihre Tochter verkauft hat so wie man ein Schwein oder eine Ziege verkauft.

Heiratszeremonien

Wenn die Familie des Bräutigams den Brautpreis, oder mindestens einen guten Teil davon bezahlt hat, bestimmt die Familie des Mädchens den Tag, an dem sie ihre Tochter ins Gehöft ihres zukünftigen Ehemannes bringt. Dieser Ortswechsel kann auf verschiedene Arten geschehen, aber immer auf diese Weise, wie es bereits bei der Mutter des Mädchens geschah.

Tradition A

Am Abend des angesetzten Tages rieben früher die weiblichen Mitglieder der Brautfamilie den Körper der Braut mit der Paste aus Rotholz ein, ebenso ihre eigenen Beine und Füsse. Diese Handlungsweise wird eine Woche lang täglich fortgesetzt. Heutzutage sind es nur noch wenige Familien, die dies tun, und wenn sie es tun, reiben sie nur die Beine und Füsse sowie die der anderen weiblichen Familienmitglieder mit der Rotholzpaste ein.

Bei Dunkelheit, ungefähr um acht Uhr abends, gehen die Frauen der Familie des Bräutigams singend der erwarteten Braut entgegen, bis die weiblichen Mitglieder der Brautfamilie mit der Braut, die sie in ihrer Mitte verborgen halten, daherkommen. Die Frauen der Brautfamilie bringen *fufu* mit *jamajama* und *egusi sup* mit. Dieses zubereitete Essen ist für alle Mitglieder der Familie des Bräutigams bestimmt. Im Gehöft des Bräutigams überreichen seine Verwandten und Freunde den weiblichen Mitgliedern der Brautfamilie ihre Geschenke. Erst jetzt dürfen sie die Braut sehen.

Die Frauen der Bräutigamsfamilie halten ebenfalls gekochtes Essen bereit: *fufu,* Fleisch oder Fisch oder Huhn. Wenn alle gegessen haben, tanzen und singen alle und trinken den traditionellen Palmwein, heutzutage auch Flaschenbier und süsses Mineralwasser. Nach diesen Zeremonien gehen die weiblichen Mitglieder der Brautfamilie in den frühen Morgenstunden in ihre Gehöfte zurück und nehmen das übrig gebliebene Essen mit sich.

Tradition B

Eine andere Tradition trägt den Namen: «Die Braut stehlen.» Einige Mitglieder der Bräutigamsfamilie gehen zur Brautfamilie, um alles, was die Braut besitzt, samt gekochtem Essen zu holen. Ein einziges, männliches Mitglied der Brautfamilie, meist ein jüngerer Bruder der Braut, bringt die Braut am Abend jenes Tages ins Gehöft des Bräutigams. Dann essen und trinken alle ausgiebig. Erst am nächsten Morgen geht der junge Mann, der die Braut begleitet hat, nach Hause zurück. Die Frauen der neuen Familie waschen die Braut und übergeben sie dem Bräutigam, der ihr mit neuen Kleidern aufwartet.

Frisch verheiratet

Die Frau in ihrem Eheleben

Traditionsgemäss muss die Frau nach einer Woche anfangen, für die neue Familie zu arbeiten – beinahe wie eine Sklavin. Zum Beispiel ist sie verantwortlich für das Herbeischaffen des Wassers für den gesamten Haushalt. Sie muss Mais mahlen auf dem grossen Mühlstein (meistens gibt es heute dafür eine zentrale Maismühle), die Äcker bebauen und für alles Nötige im Haushalt der gesamten Familie sorgen.

Brauch ist, dass die Frau im Haus der Schwiegermutter lebt und schläft, denn sie ist meistens noch sehr jung. Es kommt aber auch vor, dass sich die junge Frau bei ihrem Ehemann aufhält, dem ein Raum im väterlichen Gehöft zur Verfügung steht. Es gibt auch Fälle, wo der Bräutigam ein eigenes Haus besitzt und die Frau zu sich nimmt. In jedem Fall ist sie für das Wohlergehen der Leute in dem betreffenden Haus verantwortlich.

Pflichten der Ehefrau

- Die Ehefrau muss Haus und Gehöft sauber halten.
- Sie muss ihren Schwiegereltern und ihrem Ehemann jeden Morgen warmes Wasser bringen.
- Sie ist für das Essen verantwortlich, einschliesslich der Arbeit auf dem Acker (anpflanzen, jäten, ernten). Sie muss Feuerholz sammeln, Mais mahlen, kochen. (Pflicht des Ehemannes ist es, für Palmöl, Fisch oder Fleisch und Salz zu sorgen. Heutzutage ist oft die Frau auch dafür verantwortlich.)
- Sie muss für die Kinder sorgen, im Besonderen für die Säuglinge und auch für die älteren Mädchen, während der Ehemann die Erziehung der Knaben nach dem Kleinkindesalter übernimmt. (Gemäss Tradition ist der Ehemann verantwortlich für das Schulgeld der Kinder, aber sehr oft muss die Frau auch diese Aufgabe übernehmen.)

Der Ehemann ist verantwortlich für den Bau eines Hauses und für dessen Instandhaltung. Er muss zudem jedes Jahr auf Weihnachten seiner Frau Stoff für ein neues Kleid schenken. Wenn die Frau mehr als ein neues Kleid pro Jahr haben möchte, muss sie selbst dafür aufkommen.

Polygamie

Die Frauen eines Polygamisten tragen ihre Pflichten gemeinsam, und zwar im regelmässigen wöchentlichen Wechsel: Eine Frau ist eine Woche lang verantwortlich für die Zubereitung des Essens ihres Mannes. Dazu gehört ebenfalls das Bereitstellen von warmem Waschwasser. Auch die Nächte verbringt sie bei ihrem Mann. Nach einer Woche übernimmt eine andere Frau all diese Aufgaben.

Nach alter Tradition wie auch in der heutigen Zeit muss die Ehefrau einverstanden sein, wenn der Mann eine neue Frau heiraten will. Ist sie es nicht, gibt es Streit.

Im Verlauf unserer Diskussion betonten einige Frauen, dass es besser sei, im Einklang mit dem Ehemann zu leben, statt mit ihm zu streiten, sonst sei kein Friede im Haus und Streit gebe dem Mann umso mehr Macht.

‹Schau nicht zurück›

In vielen Familien im Dorf Bamessing kehren verheiratete Frauen nach der Geburt des ersten Kindes nicht mehr ins elterliche Gehöft zurück. Sogar wenn der eigene Vater oder die eigene Mutter oder irgendein anderes Familienmitglied stirbt, gehen sie nicht zum Begräbnis. (Tote werden im eigenen Gehöft beerdigt, nicht auf einem Friedhof.) Verheiratete Frauen beweinen zwar den Tod ihrer Angehörigen, tun dies aber nur bei sich zu Hause. Wie allen anderen Familienmitgliedern werden auch ihnen am dritten Tag nach dem Begräbnis die Kopfhaare abrasiert. Für die spätere Totengedenkfeier hingegen, die im elterlichen Gehöft stattfindet, dürfen, ja müssen sie dorthin zurückgehen.

Ehestreit

Im Streitfall ist die erste Ansprechperson der Frau ihre Schwiegermutter. Falls diese ihr keine Stütze ist, lässt sie ihre eigene Mutter rufen oder – wenn die junge Frau noch kein Kind geboren hat – geht sie zu ihr. Will der Ehemann, dass seine Frau wieder zu ihm zurückkehrt, muss er sie aufsuchen und dort, wo er sie findet, das Problem lösen.

Scheidung

Früher gab es nur in Ausnahmefällen Scheidungen. Wenn die Frau keine Kinder bekam, konnte der Ehemann sie zu ihren Eltern zurückschicken. Der Vater einer kinderlosen Tochter musste den Brautpreis zurückzahlen. Heute gibt es in Bamessing viele Scheidungen. Schätzungsweise die Hälfte aller Ehen wird geschieden. Um wieder frei zu sein, übernimmt die Frau selber die Rückerstattung des Brautpreises, weil ihr eigener Vater dazu oft nicht in der

Che *Rose, eine alleinerziehende Mutter*

Lage ist. Dies ist ihr aber nur möglich, wenn sie selber genügend Bargeld verdient. Oft kommt es auch vor, dass der neue Ehemann den Brautpreis dem Ex-Mann zurückbezahlt (anstelle eines Brautpreises an seinen Schwiegervater).

Die Verpflichtung, Kinder zu gebären, ohne heiraten zu dürfen

In Bamessing gibt es eine ganze Anzahl von Frauen, denen es nicht erlaubt ist zu heiraten, die aber verpflichtet sind, Kinder zu gebären. Einige Beispiele:

Mary. Ihre Mutter starb bei Marys Geburt. Der Vater betrachtet Mary als Nachfolgerin ihrer verstorbenen Mutter (ohne sexuelle Beziehung). Mary darf nicht heiraten, muss aber Kinder haben. Sogar wenn der Vater stirbt, muss Mary unverheiratet bleiben, weil sie ins Gehöft ihres Vaters gehört.

Kinder sind in jedem Fall ein Geschenk.

Jenet. Ihr Vater war Familienoberhaupt und starb. Sein Nachfolger kommt bei einem Autounfall ums Leben. Es gibt Streit in der Grossfamilie über die Wahl eines neuen Familienoberhauptes. Der Vater von Jenet hatte 20 Frauen, ihre Mutter war die 18. und gebar nur zwei Mädchen. Jenets ältere Schwester ist verheiratet. Jenet muss im elterlichen Gehöft bleiben und für ihre Mutter sorgen. Sie muss aber Kinder gebären, um die Kontinuität der Familie zu gewährleisten. Auch wenn die Grossfamilie eines Tages wieder ein Familienoberhaupt haben wird, das traditionsgemäss für die Frauen des Vaters verantwortlich ist, darf Jenet nicht heiraten. Das Familienoberhaupt wird nicht in der Lage sein, für 20 Frauen aufzukommen. Es wird von Jenet verlangen, weiterhin für ihre Mutter zu sorgen. Jenet hat drei Kinder geboren, zwei Knaben und ein Mädchen. Der Vater des ersten Kindes wollte seinen Sohn zu sich nehmen, aber Jenets Familie war damit nicht einverstanden, denn der Knabe wird eines Tages für seine Mutter sorgen müssen. Er muss deshalb im Gehöft seiner Mutter bleiben. Das Mädchen wird heiraten und zu seinem Ehemann ziehen. Den Brautpreis bekommt das Familienoberhaupt, sofern eines da ist, ansonsten bekommt ihn der älteste Halbbruder von Jenet, während Jenets Mutter das Palmöl und andere Geschenke erhält. Nach dem Tod von Jenets Mutter erhält Jenet das Palmöl und die Geschenke.

Regina. Die Eltern von Regina hatten vier Töchter, keinen Sohn. Als Regina noch klein war, bestimmte ihr Vater sie als zukünftiges Familienoberhaupt. Nach dem Tod ihres Vaters übernahm sie die Verantwortung für ihre Mutter und das Gehöft. Man verlangte von ihr, dass sie Kinder zur Welt bringt, mindestens einen Knaben, der dann später die Aufgaben eines Familienoberhauptes übernehmen muss. Als neues Familienoberhaupt steht ihm dann ein Teil des Brautpreises zu, wenn seine Schwestern oder auch seine Kusinen heiraten.

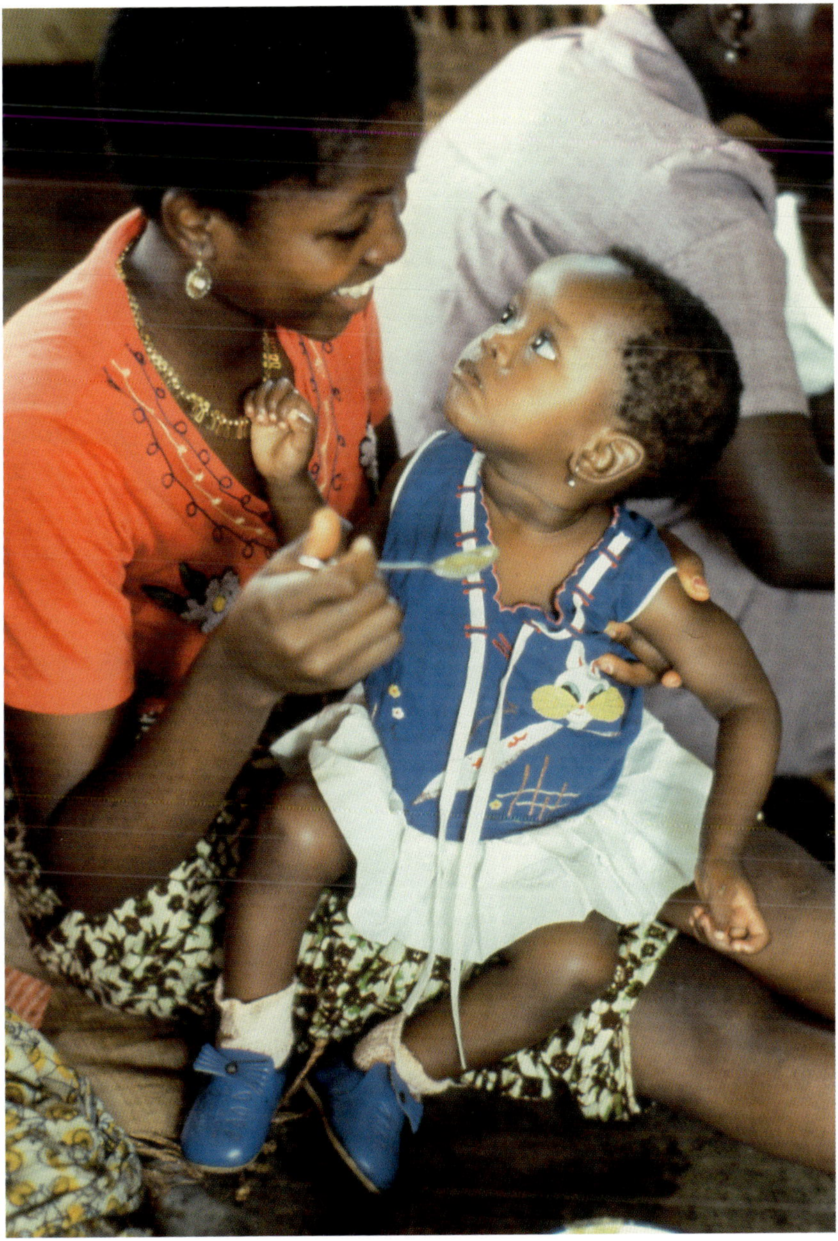

Enge Beziehung zwischen Mutter und Kind

Daniel Ngari und Martina Mbewanyi halten Fruchtschalenrasseln und Friedenspflanzen in den Händen. Beides wird bei Zwillingsfeiern gebraucht.

Susanna. Sie wurde von ihren Eltern bereits als Säugling einem Mann zur Frau versprochen (als zweite Frau). Bevor sie das heiratsfähige Alter erreicht hatte, starb ihr ‹Ehemann›. Er hinterliess seine erste Frau und einen geistig behinderten Knaben. Als Susanna erwachsen war, musste sie Kinder haben, mindestens einen Knaben, um den Fortbestand der Familie zu sichern.

In unserer Frauengruppe gab es Mitglieder, die nicht heiraten durften und solche, die ihren Töchtern nicht erlaubten zu heiraten, damit sie selber abgesichert sind, wenn sie krank und alt werden. Eines unserer unverheirateten Gruppenmitglieder sprach lange über ihr Leben und darüber, wie schwierig es sei, ihre Kinder ohne die Hilfe eines Ehemannes grosszuziehen. Aber diese Frau würde sich nie getrauen zu heiraten, denn das hiesse, ihrer Familie gegenüber ungehorsam zu sein. Andererseits gab und gibt es jene Mütter, die meinen, dass sie mit Recht ihre Töchter als eine Art Altersvorsorge unverheiratet bei sich zu Hause behalten.

Geburt

Rituale nach der Geburt eines Kindes

Wenn eine Frau in den Wehen liegt, verlassen alle Männer, Kinder und auch die Frauen, die noch kein Kind geboren haben, das Gehöft. Wenn das Kind geboren ist, dürfen sie wieder zurückkommen. Am gleichen Tag wird ein Hahn getötet (falls das Kind in der Nacht auf die Welt kommt, am folgenden Morgen). Der Hahn wird von einem traditionellen Würdenträger beim Eingang ins Gehöft getötet und den Familienahnen als Information und Dank geopfert. Heute ist es meistens das Familienoberhaupt, das das Opfer darbringt. Wenn in der neueren Zeit eine Frau ihr Kind im Entbindungszentrum auf die Welt bringt, werden zwei Hähne getötet, einer am Tag der Geburt und einer am Tag der Rückkehr ins Gehöft. Der Hahn wird über dem offenen Feuer gebraten, in Stücke gehackt, mit Palmöl und Salz gemischt und an alle Anwesenden verteilt. Der Zeremonienmeister nimmt die Flasche Palmöl mit nach Hause, nachdem er wenig davon den Ahnen dargebracht hat. Frühmorgens am Festtag bringt der Vater des Ehemannes einen Blechkanister voll Palmöl (20 l) ins Gehöft und stellt ihn auf die drei Steine der Feuerstelle im Zentrum des Einraumhauses. Während das Palmöl aufgewärmt wird, rufen die Frauen des Gehöfts mit den Lauten hey, hey und wooh, wooh die benachbarten Frauen herbei. Diese kommen mit Gefässen, um etwas von dem aufgewärmten Palmöl zu erhalten. Nach diesem morgendlichen Ritual beginnen die Frauen gruppenweise zu tanzen und zu singen. Das Fest mit Tanzen, Essen und Trinken dauert bis in die Nacht hinein.

Während einer ganzen Woche kommen täglich Verwandte, Nachbarn und Freunde, um das junge Ehepaar zu grüssen und um zu essen und zu trinken. An diesen Tagen verbirgt die Familie des jungen Paars das Neugeborene vor den vielen Besuchern. Erst wenn die Besucherinnen und Besucher getanzt und einige Münzen niedergelegt haben, dürfen sie das Baby sehen und in ihre Arme nehmen.

Am Tag der Geburt eines Kindes ist der Ehemann verpflichtet, seinem Schwiegervater Palmöl zu geben, und zwar beim ersten Kind einen Blechkanister voll (20 l), bei der Geburt jedes weiteren Kindes so viel er geben will oder kann.

Namensgebung

Es ist das Familienoberhaupt, das dem Kind den Namen gibt. Das erste Mädchen eines Paares wird nach der Grossmutter des Familienoberhauptes benannt, vorausgesetzt, dass diese schon gestorben ist. Lebt die Grossmutter noch, bekommt das Mädchen den Namen der verstorbenen Urgrossmutter. Ist diese noch am Leben, gilt der Name der Ururgrossmutter. Dasselbe Verfahren wird für einen Knaben angewendet: Grossvater, Urgrossvater, Ururgrossvater. Gemäss Tradition kann ein Kind nur den Namen einer verstorbenen Person erhalten oder allenfalls nach der bestimmten

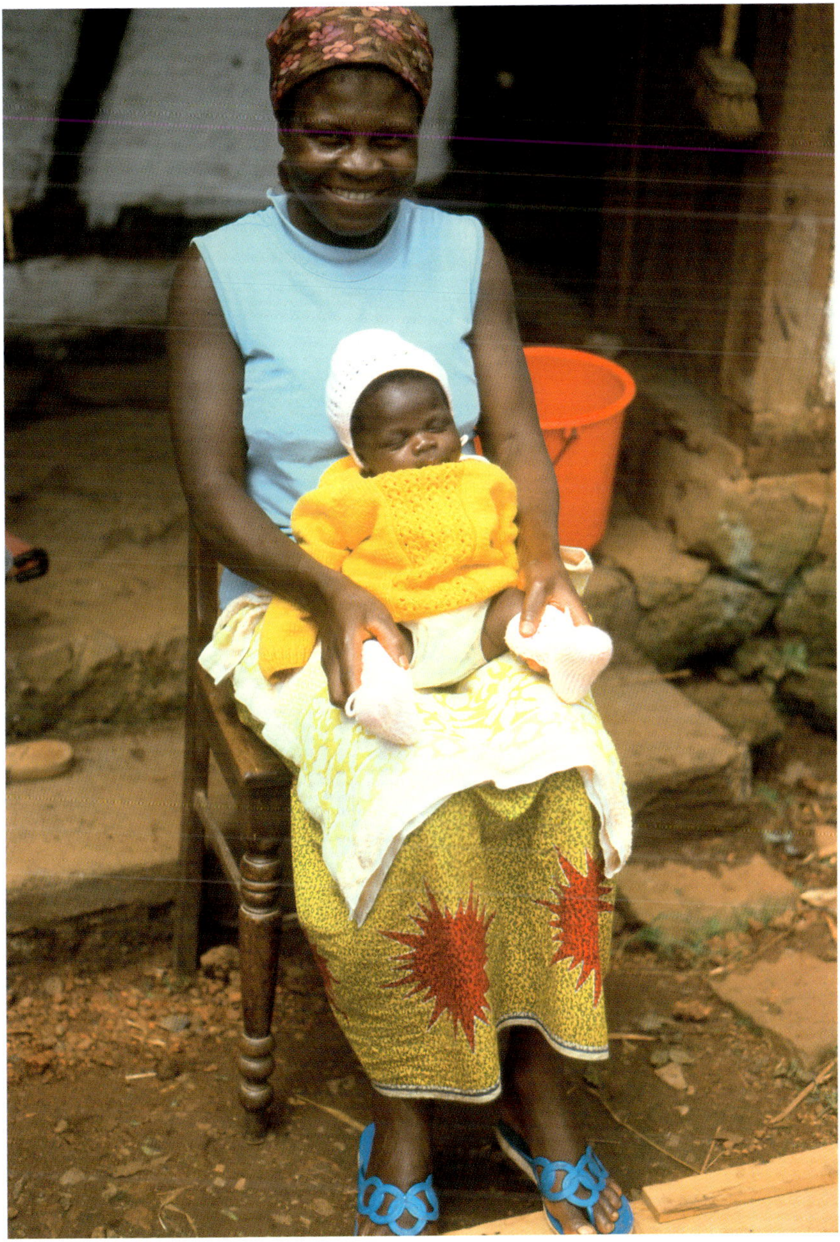

Mutter mit Neugeborenem

Situation, in die es hineingeboren wird, benannt werden. Als Beispiel: ‹Bineh›, das heisst: ‹Wer sorgt für mich?›.

Pflichten der Grossmutter (Mutter der Wöchnerin)

Die Mutter der Wöchnerin, die auch zur Geburt des Kindes kommt, bleibt für einige Wochen bei ihrer Tochter, manchmal sogar zwei bis drei Monate, damit sich die junge Mutter erholen kann, aber auch, um ihr zu zeigen, wie sie das Neugeborene versorgen und pflegen soll.

In einigen Familien wird dieser Brauch auch bei den nachfolgenden Kindern wiederholt. In anderen Familien jedoch verbietet das Familienoberhaupt ihr, das Haus der jungen Familie zu betreten aus Angst, sie könnte das neugeborene Kind verhexen. Eigentlich ist dieses Verbot ein Täuschungsmanöver. Das Verbot dient dem Schutz des Vaters. Seine Schwiegermutter darf nicht merken, dass die Wöchnerin statt, wie es der Brauch ist, täglich Fleisch oder Fisch über Monate hinweg nur *fufu* mit *jamajama* vorgesetzt erhält. So hält das Familienoberhaupt die Mutter der Wöchnerin lieber fern mit der Ausrede, die Familie habe Angst vor Hexerei. In einigen Fällen wird die gleiche Begründung auch in Bezug auf den Vater der jungen Frau angewandt.

Nabel-Ritual

Wenn nach der Geburt der Nabelschnurstumpf des Kindes nach vier bis fünf Tagen abstirbt und abfällt, vollziehen die Frauen ein spezielles Ritual. Wenn der Nabelschnurstumpf auf irgendeine Weise verloren geht, wird das als Zeichen dafür gewertet, dass das Kind bald sterben wird.

Sobald der Tag des Rituals bekannt ist, muss der Vater des Kindes eine Anzahl Schlammbeisser (keine anderen Fische sind für diesen Zweck zulässig) und eine Flasche Palmöl kaufen. In der Frühe des Festtages brät die Mutter die Fische (ohne Palmöl) über dem offenen Feuer. Sie gräbt ein Loch in die Feuerstelle, um dort den Nabelschnurstumpf zu begraben. Sie legt ihn in eine kleine,

Grossmutter mit neugeborenem Enkelkind

neue Kalebassenschale, fügt ein bisschen vom gebratenen Fisch rund um den Stumpf bei und giesst wenig Palmöl über den Fisch. Dann stellt sie die Kalebassenschale mit dem Inhalt neben das Loch, steckt ihren Zeigfinger und Mittelfinger ins Palmöl, streicht damit ihre Beine ein, angefangen von den Zehen aufwärts, dann wieder abwärts. Während sie dies tut, sagt sie zweimal und so schnell wie möglich: «Dieses Mal ein Knabe, nächstes Mal ein Mädchen.» (Oder umgekehrt.) Die Mutter muss diese Worte schnell sagen, sonst werden alle nachfolgenden Kinder faul und träge sein. Nach diesem Ausspruch legt die Mutter die Kalebassenschale rasch in das Loch. Die anwesenden Familienmitglieder machen mit beim Zudecken des Lochs, indem sie darauf achten, dass der Ort dem Erdboden gleich ist, denn er darf nicht wiedererkannt werden. Was an Fisch und Öl übrig bleibt, brauchen die Frauen, um das Essen zuzubereiten.

Nach dieser Zeremonie wird das Neugeborene zum ersten Mal ins Freie getragen, und zwar geschieht das auf folgende Weise: Wenn es ein Knäblein ist, trägt ein Knabe der Familie das Kind hinaus und wenn es ein Mädchen ist, trägt es ein Mädchen. Die erste Portion des zubereiteten Essens bekommt der Träger oder die Trägerin des Säuglings. Anschliessend erhalten die anwesenden Familienmitglieder den Rest des Essens vorgesetzt. Bis zu diesem Zeitpunkt ist es nur Frauen, die Kinder geboren haben, und verheirateten Männern erlaubt, an diesem Ritual teilzunehmen. Fällt der Nabelschnurstumpf schon während des Aufenthalts in einer Geburtsklinik ab, nimmt die Mutter ihn mit nach Hause.

Nach der einfachen Mahlzeit kehren die Frauen, die Kinder haben, den Boden, und zwar auf einen Haufen an einem bestimmten Ort im Haus. Zu diesem Zeitpunkt kommen die Frauen ohne Kinder in die Szene. Jede dieser Frauen erhält von der Wöchnerin eine Handvoll vom zusammengefegten Kehricht mit der Anweisung, diesen Müll hinter dem Haus zu vergraben. Ist das Neugeborene ein Knabe, kommt der Müll unter eine Kochbananenstaude, ist es ein Mädchen, kommt er unter die Bananenstaude mit kleinen Früchten, welche speziell für die Zubereitung von *achu,* dem Gericht aus *colocasia* (Wurzelknollen) gebraucht werden. Währenddem die Frauen den Unrat, wie angewiesen, hinaustragen, bitten sie die Familienahnen inständig, ihnen Kinder zu bescheren.

Vergraben der Plazenta

Unmittelbar nach der Geburt vergräbt die traditionelle Hebamme die Plazenta unter dem Bett der Mutter oder möglichst nahe beim Bett. So wird es gemacht, wenn die Frau daheim entbindet. Wenn die Frau, wie es heute oft vorkommt, das Kind in der Geburtsklinik auf die Welt bringt, wirft die Hebamme die Plazenta in die Latrine.

Gibt es unterschiedliche Reaktionen auf die Geburt eines Jungen oder eines Mädchens?

«Es gibt keinen Unterschied», sind die spontanen Aussagen in der Gruppe. Dann aber wehren sich einige Frauen in unserer Diskussion. Es gebe schon einen Unterschied. Die Freude bei einem Neugeborenen sei zwar bei einem Mädchen wie bei einem Knaben gross, aber ein Knabe sei doch noch wichtiger als ein Mädchen, weil er ein wichtiges Familienoberhaupt werden könne. Einzig wenn nur Knaben in eine Familie hineingeboren werden, freue man sich mehr auf ein Mädchen, denn das Mädchen helfe im Haus und später bekomme man, wenn es heirate, das nötige Brautpreisgeld, damit dann auch der Brautpreis für die Frau des Sohnes bezahlt werden könne.

Tod

Über das Thema Tod konnten wir in unserer Gruppe nicht diskutieren, weil die verheirateten Frauen unter keinen Umständen hören wollten, was mit ihnen geschieht, wenn ihr Ehemann eines Tages stirbt.

Glossar

Ba	Wort für Vater in Mungaka, der Sprache der Bali-Nyonga
Bamenda	Provinzhauptstadt des westlichen Graslandes mit zirka 450'000 Einwohner/innen (2007)
Bamessing	Dorf im Kameruner Grasland mit zirka 16'000 Einwohner/innen (2007). Bamessing oder Nsei, wie es in der Nsei Sprache heisst, liegt etwa 40 km von der Provinzhauptstadt Bamenda entfernt. Traditionell wird das Dorf von einem Häuptling regiert. Das Dorf ist aufgeteilt in 17 Quartiere und ist eines der letzten Dörfer im Grasland, in dem noch aktiv getöpfert wird. Im Dorf gibt es ein kleines staatliches Gesundheitszentrum, in dem vorwiegend schwangere Frauen und Wöchnerinnen behandelt werden.
Bali-Nyonga	Bezirkshauptort mit zirka 65'000 Einwohner/innen, 25 km von der Provinzhauptstadt Bamenda entfernt. Der König von Bali-Nyonga, Fon Ganyonga III, ist einer der vier traditionellen Herrscher des Graslandes. Die heutige Sprache der Bali-Nyonga ist Mungaka, die ursprüngliche Sprache war Mubako.
Bamunka	auch Ndop genannt, Hauptort des Bezirks Ngo-Kentunjia, zirka 12 km von Bamessing entfernt; Bamunka besitzt ein kleines staatliches Spital.

big mami	ältere Frau, die eine wichtige Stellung in der Familie einnimmt.
big war	Zweiter Weltkrieg
Bisanga	Name aus der Mubako-Sprache und bedeutet: ‹Alles ist nun in Ordnung›.
Cassava	auch bekannt als Maniok
Che (tsche)	Wort für Mutter in der Sprache der Bamessing
CDC	Cameroon Development Cooperation staatliche Firma, die sämtliche Plantagen (Kautschukgewinnung, Palmöl, Tee, Bananen usw.) im Land verwaltet.
CFA	Die gesetzliche Währungseinheit in Kamerun und in einigen andern afrikanischen Staaten ist der Franc CFA (Franc de la Coopération Financière en Afrique Centrale).
cocoyam	eine essbare Knollenfrucht
CWF	Abkürzung für Christian Women Fellowship (Christliche Frauengemeinschaft); die Frauenarbeit der Presbyterianischen Kirche ist eine starke, ständig wachsende Bewegung und wurde 1961 gegründet. 2007 zählte sie 960 Frauengruppen mit über 42'000 Mitgliedern, die das Rückgrat der Kirche bilden. Das Angebot an verschiedenen Kursen soll die Frauen bei der Bewältigung ihrer grossen Belastung (Erziehung zahlreicher Kinder,

Haushalt, übrige Arbeiten) unterstützen und ihre finanzielle Abhängigkeit vermindern. Das Leitungsteam erstellt Unterlagen und organisiert Kurse für Bezirksgruppenleiterinnen. Diese organisieren regionale Kurse für die Ortsgruppenleiterinnen. An den wöchentlichen Treffen der Ortsgruppen werden die vorgeschlagenen Themen besprochen: Gesundheit, Erziehung, Umgang mit Traditionen, Bibeltexte und deren Auslegung, Medizin, Kochen usw. Die Frauenarbeit der katholischen Kirche in Kamerun ist ähnlich organisiert.

egusi	Kürbiskerne
egusi sup	Kürbiskernesauce
elder	englisches Wort für der Älteste/die Älteste in der Zusammensetzung des Kirchgemeinderats
fetisch	Magischer Gegenstand, dem schützende Kraft zugeschrieben wird.
Fon	Traditioneller Herrscher (König) einer bedeutenden Ethnie (s. auch unter König)
fufu	Maismehl in Wasser gekocht und zu einem festen Brei angerührt, wird in scharfe Sauce getunkt und so gegessen; *fufu* ist vielerorts das Hauptnahrungsmittel.
gari	wichtiges Nahrungsmittel aus der Cassavawurzel (siehe Maniok). Die Wurzeln werden geschält und geraffelt, die Stärke ausgepresst,

dann geröstet und mit kaltem oder warmem Wasser angerührt.

gingi (tschinschi) in Erdnussöl frittiertes Gebäck

jamajama (tschamatschama)
Pidginwort für ein dem Spinat ähnliches Gemüse

Kah Mamfon — *Kah* (Titel), *Mam* (Mutter), *Fon* (König); Titel der leiblichen Mutter und persönlichen Ratgeberin des Königs von Bali-Nyonga

Kauri — Kaurischnecken mit porzellanartigen Schalen, deswegen auch Porzellanschnecken genannt. Kauris sind keine Muscheln.

Kochbanane — Die Kochbanane ist eine der Banane ähnliche tropische Frucht, auch Mehlbanane genannt. Sie kann nur gekocht gegessen werden.

König — Traditioneller Herrscher einer bedeutenden Ethnie. Die Titel König, Fon und Häuptling werden auswechselbar gebraucht, beziehen sich aber alle auf den alleinigen traditionellen Herrscher einer Ethnie.

Königsmacher — In jeder Ethnie gibt es in der Regel sieben Königsmacher. Ihre wichtigste Aufgabe besteht darin, nach dem Ableben des Königs den designierten Nachfolger auf den Thron zu setzen und dem Volk bekannt zu geben.

Kola/Kolanüsse — bittere Frucht des Kolabaumes

Na Wort für Mutter in der Mungakasprache

native doctor Pidginausdruck als Oberbegriff für Wahrsager, Heilpraktiker und Medizinmann/Medizinfrau

na tradition Pidginenglisch für ‹Das ist eben unsere Tradition›.

Nchantong Zwillingsmutter

ngambe/ngambeman
Pidginenglisch für Wahrsager, der mit Orakeln arbeitet.

njangi (tschangi) Eine Gruppe Freiwilliger trifft sich regelmässig zwecks Geldeinlage. Bei jedem Treffen wird das zusammengelegte Geld der Reihe nach einem Mitglied ausgehändigt.

Palast (Königs- bzw. Häuptlingspalast)
Der Palast darf von der Bauart und vom Stil her nicht verglichen werden mit einem luxuriösen europäischen Palast. Der Palast ist weiträumig, ebenerdig und besteht aus dem Haupthaus für den König (Wohnhaus und Vorplatz für Audienzen), einer grossen Anzahl von Häusern für die Frauen und Kinder, Häuser für die Zusammenkünfte der Ritter und der Geheimgesellschaften, Häuser für die Diener und Besucher/innen, Räume für den Palastschatz und die Kultgegenstände.
Der grosse Innenhof des Palastes wird für Maskentänze, heute auch für Partys bei Grossanlässen (Besuch der Regierung, ausländischer Gäste

usw.), genutzt. Vor dem Palast befindet sich ein grosser offener Platz, auf dem die Jahresfeste gefeiert werden.

Pidginenglisch oder Pidgin
Handelssprache in Westafrika. Pidginenglisch entwickelte sich zu einer Lingua franca, die die Kommunikation zwischen den zahlreichen Sprachgruppen erleichtert.

Polygamie — Ehe eines Mannes mit mehreren Frauen

Prescraft — Abkürzung von ‹Presbyterian Handicraft Centre› (Handwerkszentrum der Presbyterianischen Kirche), errichtet 1961 in Bafut, später erweitert nach Bali-Nyonga und Bamenda

Prespot — Abkürzung von ‹Presbyterian Pottery Project› (Töpfereiprojekt der Presbyterianischen Kirche), errichtet 1983 in Bamessing

puff-puff — in Öl frittiertes kleines, kugelförmiges Gebäck

Tiko — Küstenstadt in Kamerun, Ort vieler Plantagen

WWH — Abkürzung für Women's Work Helper (Beraterin der Frauengruppen der Presbyterianischen Kirche in Kamerun)

Yaoundé — Hauptstadt von Kamerun mit zirka 2 Millionen Einwohner/innen (2008)

Der Weltgebetstag: Informiert beten – betend handeln

Der Weltgebetstag ist eine weltweite ökumenische Bewegung christlicher Frauen. Gemeinsames Anliegen ist es, durch informiertes Beten und betendes Handeln Not zu lindern und Zeichen der Solidarität zu setzen.

Rund um die Welt laden christliche Frauen aus mehr als 170 Ländern der Erde am ersten Freitag im März zu einem gemeinsamen Gottesdienst für Frauen, Männer und Kinder ein. Jedes Jahr gestalten Frauen aus einem anderen Land die Liturgie. Dabei erfahren wir auch etwas über ihr Leben. 2010 stammen die Texte aus Kamerun (Westafrika).

Im Vorfeld des Weltgebetstages informieren sich weltweit die Frauen der Vorbereitungsteams über Geschichte, Wirtschaft, Politik, Religion und die Situation der Frauen des entsprechenden Landes, um die Hintergründe des Gottesdienstes zu verstehen und informiert beten zu können. Dass zum Beten auch das Handeln gehört, zeigen die grossen Spenden, die jedes Jahr zur Unterstützung von Frauenprojekten in aller Welt gesammelt werden.

Geschichte des Weltgebetstages

1887	Mary Ellen James aus Brooklyn ruft zu einem Gebetstag für die Innere Mission auf. Drei Jahre später rufen Lucy Peabody und Helen Montgomery ebenfalls zu einem Gebetstag auf, diesmal für die Äussere Mission.
1920	Die zwei verschiedenen Gebetstage werden zu einem zusammengelegt.
1926/27	Der Begriff ‹Weltgebetstag› entsteht. Missionarinnen und Frauenverbände im In- und Ausland werden

gebeten, sich mit den Frauen ihres Landes den nordamerikanischen Frauen anzuschliessen und über Konfessionen hinweg den Weltgebetstag zu verbreiten.

1929 Der Weltgebetstag wird bereits in 30 Ländern gefeiert, darunter befinden sich neun europäische Länder: Deutschland, Österreich, die Schweiz, Holland, Polen, Ungarn, Frankreich, England und Schottland.

1936 Über die Missionsvereine der Methodistenkirche verbreitet sich der Weltgebetstag in der Schweiz. In einem Rundbrief werden die Frauen aufgerufen, ‹dieses Weltgebetstages zu gedenken und ihn zu feiern›. Die Frauen nehmen das Anliegen auf und werden Trägerinnen der Bewegung zum Weltgebetstag in der Schweiz.

1949 Der Vorstand des Evangelischen Frauenbundes der Schweiz (heute Evangelische Frauen Schweiz) ruft seine Mitgliedverbände auf, beim Weltgebetstag (WGT) mitzumachen. 1950 findet der Weltgebetstag erstmals offiziell in der Schweiz statt.

1958 Frauen der Christkatholischen Kirche in der Schweiz beteiligen sich erstmals an der Vorbereitung des Gottesdienstes.

1966 Die römisch-katholischen Frauen der Schweiz feiern den Weltgebetstag offiziell mit.

2007 Das Komitee des schweizerischen Weltgebetstages erhält den Marga Bührig-Anerkennungspreis, eine Auszeichnung für ‹langjähriges und beharrliches Engagement für feministische Theologie›.

Eine der aufrechten, starken Frauen auf Augenhöhe

Dank

Ich danke allen Kamerunerinnen, die mir bereitwillig Auskunft über ihr Leben gegeben haben. Die Gespräche brachten uns näher. Gerne würde ich eines Tages wieder in ihren Küchen sitzen und hören, wie es ihnen weiter ergangen ist. Ich danke meinem Mann, Hans Knöpfli, der mich zum Aufschreiben der Lebensgeschichten ermutigte. Er korrigierte als erster mein Manuskript, fragte nach, wo Unklarheiten bestanden und half mit, wo immer er konnte. Danke auch, dass ich seine Fotos abdrucken durfte. Danke unserem Sohn Simeon, der als kleiner Bub auf Mami warten musste, bis sie mit den Gesprächen fertig war. Auch jetzt als Erwachsener zeigte er viel Verständnis für die Arbeit, half bei Computerfragen und übernahm bereitwillig das Kochen des Essens, damit ich mich auf die Arbeit konzentrieren konnte. Besonders danke ich Annemarie Friedli, die grosses Interesse an den Geschichten zeigte und als Lektorin die Texte überarbeitete. Mein Dank geht auch an Madeleine Hürlimann für das Layout und die Vignetten. Mit ihnen allen hätte ich Lust, noch weitere Projekte umzusetzen. Herzlichen Dank der Herausgeberin ‹Stiftung Grasland Kamerun› und allen übrigen Geldgeberinnen und Geldgebern. Ohne ihre finanziellen Unterstützungen wäre dieses Buch nicht zustande gekommen.

Kriegstetten, Februar 2009 *Heidi Zingg Knöpfli*

glücklich in der
GROSS
familie

Biografie der Autorin

Heidi Zingg Knöpfli wurde 1955 geboren. Nach dem Schulbesuch in Kriegstetten liess sie sich zur Kauffrau und später zur Erwachsenenbildnerin ausbilden. Als Berufsfrau arbeitete sie mehrere Jahre in verschiedenen Anstellungen.

1986 reiste sie nach Kamerun, um den seit 30 Jahren dort lebenden Hans Knöpfli, Pfarrer und Gründer der Handwerkszentren im Kameruner Grasland, zu heiraten. 1988 kam Sohn Simeon David zur Welt.

Heidi Zingg Knöpfli unterstützte ihren Mann bei seinen Aufgaben in den Handwerkszentren und in der Arbeit der Kirchgemeinden der Presbyterianischen Kirche. In ihrer Zeit in Kamerun lebte die junge Familie zuerst in Bamessing und später in Bali-Nyonga. An beiden Orten war Heidi Zingg Knöpfli Mitglied, zeitweise Leiterin, der lokalen Frauengruppe der Presbyterianischen Kirche.

Im Februar 1993 erhielt sie von König Ganyonga III von Bali-Nyonga den Adelstitel *Na Bisanga*. Der Name bedeutet: Alles ist nun in Ordnung. Die Begründung für die Namensgebung lautete: Wir haben dich kennengelernt und erachten dich auch im traditionellen Gefüge von Bali-Nyonga als ebenbürtige Partnerin deines Mannes. Hans Knöpfli wurde 1972 von König Galega II, dem Vorgänger von König Ganyonga III, für seine kulturerhaltende Arbeit in den Adelsstand erhoben. Seither heisst er *Ba Nkom Gwanbila* (der das Volk zusammenhält und es über die Grenzen hinaus bekannt macht).

Nach ihrer Rückkehr aus Kamerun im Mai 1993 unterstützte Heidi Zingg Knöpfli ihren Mann bei der Herausgabe seiner Bücher über das Kunsthandwerk und die Kultur im Kameruner Grasland. Seit 1999 arbeitet sie im Vorstand der Evangelischen Frauen Schweiz, von 2006 an als deren Co-Präsidentin. Den Weltgebetstag kennt sie seit Jahrzehnten aus eigener Erfahrung sowohl in der Schweiz als auch in Kamerun.